教科書指導ハンドブック
新版 小学校六学年 国語の授業
光村版

西郷竹彦 監修・文芸教育研究協議会 編集

新読書社

はじめに――教科書教材による「ものの見方・考え方」を育てる国語の授業

これまで文部科学省のかかげてきた国語科教育の目標は、時により若干の異同はありましたが、文章表現の内容がわかる力、つまり読解力を育てること、という目的は今日に至るまで終始変わりません。もちろん、読解力の向上それ自身は望ましいことには違いありません。しかし、そのことに終始してきたことの結果として、子どもたちの「ものごとの本質・人間の真実を認識する力」は、まことに憂うべき状態にあります。たとえば、あらゆる対策が講じられてきたにもかかわらず、校内における、また地域社会における「いじめ」の問題は、依然として憂慮すべき状態にあります。

何よりも、肝心なことは、国語教育も他の教科教育と同様、「ものごとの本質・法則・真理・真実・価値・意味」などの体系的認識の力を育てることにあります。「人間のわかる人間を育てる教育」をこそめざすべきであるのです。まさに人間の真実を語る文芸こそが、人間についての豊かな、深い認識を育てるための唯一の教材となるものです。他の教科教育をもって代行できるものではありません。だからこそ文科省の文芸教育の軽視は、結果として教育の荒廃を招くもととなったのです。

私どもは、「人間のわかる人間」を育てるために「ものの見方・考え方」(認識の方法)を、発達段階に即して指導していくことをめざしています。『学習指導要領』が言語事項を軸にして系統化を考えているのに対して、私どもは認識の方法を軸にした系統化を考えています。つまり、説明文教材や文芸教材だけでなく、作文・読書・言語・文法などの領域もすべて、認識の方法を軸にして互いに関連づけて指導するわけです。

このような関連・系統指導の考え方に立って、どのような国語の授業を展開すればいいかを試みました。もちろん現行の教科書は『学習指導要領』に基づいて編集されておりますから、私どもの主張との間に、あれこれの食い違いやずれのあるのは当然であります。しかし、本書では、できるだけ子どもの「ものの見方・考え方」を関連・系統的に教え育てていく立場で、それぞれの教材をどのように教材研究し、授業を展開すればいいかを解説しています。

なお、国語を「ものの見方・考え方」を軸にした系統指導することによって、それが土台になり、すべての教科を関連づけることが可能となります。国語科で学んださまざまな「ものの見方・考え方」は、各教科を横断・総合するということもありますが、むしろ、国語科などで学びとったいろいろな「ものの見方・考え方」を、対象にあわせて組み合わせるところにこそ、本当の意味での「総合」があるのです。

国語科の指導にあたっては、体系的な西郷文芸学の理論と方法を教育的認識論をもとに、過去半世紀にわたり研鑽を積み重ねてきました。その豊かな経験をもとに、私どもは、「文芸の授業」や「詩の授業」「説明文の授業」などの場を通して実践・研究の成果を世に問うてきました。この『教科書指導ハンドブック』（略称『指導ハンドブック』）もその企画の一つです。

『指導ハンドブック』は、六割以上のシェアをもつ光村図書の教科書をどのような観点で指導したらいいのか、そのポイントを具体的に、わかりやすくまとめたものです。幸いこれまで出されてきたものも好評でした。今回の教科書の改訂で教材の変更がありました。そのため、『指導ハンドブック』も部分的に手を入れたものを出すことになりました。教科書をかたわらに置いて本書をお読みくだされば、「ものの見方・考え方」を育てる関連・系統指導の内容を具体的に理解していただけるものと確信しております。

企画から刊行まで、新読書社の伊集院郁夫氏のひとかたならぬご協力をいただきました。ありがとうございました。

二〇一五年四月

文芸教育研究協議会会長　**西郷　竹彦**

光村版・教科書指導ハンドブック　新版　小学校六学年・国語の授業／**目　次**

第三章●六年の国語で何を教えるか……43

【凡例】

1 本書は、西郷竹彦文芸研会長が確立した文芸学理論と教育的認識論をもとに文芸教育研究協議会（以下「文芸研」と略称）の実践者・研究者によって著された。

2 本書は、平成27年度用光村図書小学校国語科用教科書に掲載された教材の指導の参考に資するために著された。

3 本書の主たる参考文献は、『西郷竹彦文芸・教育全集』（恒文社）であるが、必要に応じて各項の最後に関連参考文献を載せた。

4 各学年の国語科指導全般にわたる課題を「高学年の国語でどんな力を育てるか」「教材分析・指導にあたって」で解説した。

5 具体的な指導のイメージを理解してもらうために指導案例と板書例を載せた。

6 『西郷竹彦文芸・教育全集15巻』（恒文社）は『全集15巻』と略称し、『最新版西郷竹彦教科書指導ハンドブック小学校高学年・国語の授業』（西郷竹彦著・明治図書）は、旧『指導ハンドブック高学年』とした。

7 教科書引用文は〈　〉に入れた。一般引用文は「　」に入れた。

8 西郷文芸学理論による用語は《　》で表したが、一般的に使われている用語でも西郷文芸学理論による意味と異なる場合は《　》を使っているところがある。

9 西郷文芸学理論や教育的認識論の用語が記述されたところで必要なものは太字にした。

10 各項目単独でも利用できるようにするため、他の項目と重複した内容になっているところがある。

第一章

高学年の国語でどんな力を育てるか

この本を出版した趣旨について説明しておきます。観点といってもいいでしょう。

私ども文芸研は、長年にわたって、「認識と表現の力を育てるための関連・系統指導」を主張してきました。一年ではどういう認識・表現の力をつけるのか、二年では……、三年では……と、一年から六年まで、さらに中学・高校へと関連・系統指導することになります。ここでは、小学校一年から六年までの各学年の中心課題を明確にしていきたいと思います。つまり、小学校の各学年でどういう認識・表現の力を育てるかということを課題にします。

1 関連・系統指導でどんな力を育てるか

人間および人間をとりまくさまざまなものごと（世界と言ってもいい）、その真実、本質、価値、意味をわかることを「認識」と言います。

「わかる」ためには「わかり方」を教えるのであって、そのわかり方は、普通「ものの見方・考え方」と言います。

「ものをよく見なさい。」とか「しっかり考えなさい。」と言っても、どこを見たらいいのか、どのように考えることがしっかりよく見て考えることなのかを子どもたちは知りません。だから、学校で私たち教師が、小学校一年生から、一番大切なものの見方・考え方（認識の方法と言います）を具体的な教材を使って、「教材で」教えていく、学ばせていくことになります。

そして「教材で」人間とはこういうものだという、人間の本質とか真実をわからせます。これを「認識の内容」と言います。これらが国語の授業で学ばせることです。

つまり、国語科で学ぶことの一つは、言葉を通して、人間やものごとの本質や価値を学ぶ（認識の内容を学ぶ）ことです。もう一つは、「ものの見方・考え方」（わかり方＝認識の仕方、認識の方法）を同時に学ぶことです。この両面を学ぶことが大事なのです。書いてある中身からわかったことの蓄積は「認識の力」になります。しかし、もう一つ忘れてならないことは、わかり方を同時にわからせ、身につけさせていくことです。認識の方法と認識の内容の両面がともに大事なのです。

認識の方法
認識の内容　｝**認識の力**

認識の方法とは「わかり方」あるいは「ものの見方・考え方」であり、認識の内容とは「わかったこと」で、それは「知識」としてたくわえられ、思想を形成します。

ところで、認識の方法（わかり方）を学ぶことは、同時に表現の方法（わからせ方）を学ぶことでもあるのです。もっとも表現の方法は、これまでの読解指導においても不十分ではありますが、一応は教えてきました。しかし、人間の本質・人間の真実、ものごとの本質・価値・

意味をとらえて表現することが本当の表現の力なのです。ですから、本当の表現の方法は認識の方法と表裏一体のものとして学ばせなければなりません。

系統指導は、認識の内容を系統化するのではなく、認識の方法を系統的に指導することです。認識・表現の方法を、一年から系統化して指導していくことになります。

系統化ということは、前と後とがつながりがあるということです。それから、ただつながっているというだけではなくて、前に対して後のほうがより一段高まっているということです。この「つながり」と「たかまり」があって、小学校六年間で子どもの認識の力が系統的に育てあげられることになります。

❷国語科で育てる力

ここで、国語科ではどんな力を育てるかをはっきりさせておきたいと思います。理科や社会科と比べてみればはっきりすることです。理科は自然について（つまり、自然を認識の対象として）、その本質や法則を認識させる教科です。自然認識の力を育てる教科です。社会科は社会や歴史などを対象として、その本質や法則や意味を認識させる教科、つまり社会・歴史認識の力を育てる教科です。

では、国語科は何をするのかと言いますと、まず何よりも人間と人間をとりまく世界を認識させることです。もう一つは、言葉、表現そのものの本質・価値・意味を認識させることです。この二つがあります。

もちろん、理科で、自然認識の力を育てるというとき、自然とはこういうものだという認識の内容を教えると同時に、自然のわかり方も教えます。たとえば、実験や観察は、科学的な認識の方法の基本的なものの一つです。この認識の方法と認識の内容の両面を理科で教えていきます。また、社会科でも社会や歴史とはこういうものだという認識の内容を教えるだけでなく、社会科学的な認識の方法も同時に教えていきます。

国語科も同じです。ことばとは、人間とはどういうものかという、ものごとの本質をわからせていく（認識の内容をふくらませていく）と同時に、そのわかり方（認識の方法）を系統的に教えていきます。ひと言で言えば、教科教育の基本は認識だと言えます。

理科、社会科の場合には、表現の力を特にとりたてて問題にしませんが、国語科の場合には、認識の力を育てることと裏表に、表現の力を育てる課題が付け加わってきます。

❸自主編成の立場で

長年、私どもの運動の中で自主編成が言われてきました。自主編成というのは、教師が自ら教材を選ぶということです。教材を選ぶ主体は国民です。具体的には教師です。ですから、教科書があるからそれを使うというのではなく、その子どもにどんな力をつけるかという観点で、必要な教材を選ぶということです。

④高学年で育てる力

◇すでに学んだこととこれから学ぶこと

五年生ともなりますと、一年から四年まで学習してきた認識の方法とか、その他の知識が蓄積されてきています。認識の内容についても、国語科だけでなく、理科や社会科、その他の教科からも、いろいろな認識の内容を身につけています。したがって、一つの教材を読む場合でも、今までに学んできたものを十分に使って新しい教材にとりくむことができます。つまり、今までに学んだ認識の方法をさらに変化発展させた形で、生かして使うということになります。または、それらの方法を組み合わせることもあります。また、新しく五年生になってから本格的に学ぶことになっている認識の方法を、同時に学習することになります。さらには、六年になってから学習する認識の方法を、いくらか気づかせる程度に、学習の中にとり込んでいきます。

このように考えると、何やらたいへんに複雑な感じがするかもしれません。そのため、うまく整理をし、五年の中心的課題をおもに、四年までに学んだことや六年で学ぶことを組み合わせます。しかし、この認識の方法を一年から四年までに系統的に学んできていない子どもたちも多いと思います。その場合は、五年の一学期では、駆け足で、一年から四年までの課題を学習（補説・補足）するという配慮が必要になります。

認識の方法の系統指導が一般化されて、どこの学級・学校でもそのような考え方で指導されているなら、五年を受けもった先生は、一年から四年までのことはすでに学習しているものとして、一学期の最初から五年の中心課題を念頭において、授業を進めていくことができます。しかし、現在はそのようになっていません。そのため、このような配慮が必要になります。

◇低学年の課題

一年から一番大切にしたいことは、**観点**を決めるということです。考えるとき、見るとき、表現するとき、いつでも観点を決め、終始一貫します。そのうえで、**比較**することになります。どんな観点で見るかをきちんと決めてはじめて比較できるのです。比較には同じようなところを比べる―**類比**と、違うところを比べる―**対比**の二通りがあります。また、**順序**もあります。順序よく見ることは、**過程**（プロセス）、あるいは**変化**・**発展**に目をつけることです。その次に**理由**があります。**根拠**・**原因**・**理由**です。比較・順序・理由の三つは最も重要な課題であると同時に、認識の方法の基本となるものです。

関連・系統指導案（小学校の中心課題）

←低→（1〜3）
←中→（1〜6）
←高→（1〜10）

0 **観点** 目的意識・問題意識・価値意識
　真・偽　ほんと―うそ
　善・悪　いいこと―わるいこと
　美・醜　きれい―きたない
　有用・無用　やくにたつ―やくにたたない

1 **比較**（分析・総合）
　類似性―**類比**（反復）
　相違性―**対比**

2 **順序** 過程・展開・変化・発展
　時間・空間・因果・心情・思考・論理・意味

3 **理由・原因・根拠**

4 **類別**（分類・区別・特徴）
　特殊・具体 ⇅ 一般・普遍
　全体と部分

5 **条件・仮定・予想**

6 **構造**（**形態**）・**関係・機能・還元**

7 **選択**（**効果・工夫**）・**変換**

8 **仮説・模式**

9 **関連・相関・連鎖・連環・類推**

10 **相補**

（西郷試案2の2）

◇中学年の課題

低学年でつけた認識の方法を土台として、中学年になると、まず、**類別**ということをやります。分類するといってもいいでしょう。次に、**条件**的に見る、**仮定**的に見る、あるいは**予想**することがあります。四年になれば、ものごとを**構造**的に見る、**関係**的に見る、**機能**的に見ることが中心課題になります。

◇高学年の課題

さて、五年になりますと、今までに学んだことを変化・発展させて学ぶと同時に、五年の中心課題である**選択**が出てきます。これは、表現の効果や表現の工夫のことです。また、**仮説**を立てることも中心課題になります。

選択とは、いろいろな認識の方法や表現の方法のうち、どの方法がより妥当か（適切か）を選ぶことです。選ぶには、それ以前に、それぞれの方法の特性（長所・短所）や条件をわきまえなくてはなりません。つまり、時と場合を心得て、それを使い分けることができる段階でなければ、選ぶということは難しいのです。五年になると、それが可能になってきます。だからこそ、選ぶことができるようになってほしいということで、**選択**を中心課題にしています。これは、文章で言えば、表現効果とか工夫ということになります。

ものごとを条件的に見る、仮定的に見る、構造的・関係的に見ることをふまえながら、発展した形で、ものごとを**仮説**的に見るという認識の方法が五年の中心課題に入ってきます。

仮説するということは、可能性を見るとか必然性を見るということです。ただの思いつきだけでは仮説することにはなりません。しかるべき必然性があって、可能性を見通して仮説を立てます。その必然性や可能性をふまえるためには、四年の課題であった構造的・関係的・機能的に見ることができないと、必然性をふまえることはできません。それから、ものごとを過程的・展開的・変化・発展するものとして見ていくような見方も必要になります。仮説を別の見方でいうと、モデルをつくってものごとを認識することです。これらは、シェーマとかパターンとか言われているものです。**模式**とも言います。

さらに六年の中心課題の一つは、ものごとを**相関的**（ひびき合う関係）に見ることです。**相関**というのは、ひびき合い、からみ合っている関係です。密接不可分にからみ合っていて、その一方が変われば他方も必然的に変わらざるを得ないというような関係のことを言います。

相関関係は、ちょっと複雑になれば連鎖した形になってきます。**連環**とも言います。同じようなことが鎖のように一つながりにつながっていく関係です。

相関は、ものごとの中にそういう関係が実際にある場合を指しています。それに対して、**関連**は、そのものごとの中に客観的にそういう関係が何もない（たとえば、因果関係がない）にもかかわらず、ある**観点**でそれらのものをひびき合わせる場合を言います。世間では関連を、いわゆる相関関係と同じ意味で言うことが多いのですが、私は一応区別しています。客観的にその関係が存在する場合には相関、客観的にはそういう関係がないにもかかわらず、そこにあるものごとともものごとを密接不可分に、あえて関係づける場合を関連と称します。

六年のもう一つの中心課題は**類推**という論理的な「ものの見方・考え方」です。

類推は、ある一つのことから、全然関係のない、縁もゆかりもないものを考え出す（これも関連づけることです）場合を指しています。似たようなものを**推測**する、**推理**するということがあります。たとえば、原子核の構造というのは、直接見るわけにはいきませんが、太陽系のモデルから太陽を中心にして遊星がそれを囲んで回っているように、原子核の周りに電子が回っているのではないかと類推します。その場合、太陽系と原子核は何ら関係はありません。けれども、そのように類推します。あるいは、水道の水が管を流れることから、電流も、ちょうど水がパイプを流れるように流れているのではないかと類推します。類推するというのは、**モデル**（模型）をつくり、モデルでものを見ていく、考えていくということです。

六年では、一年から学んできた認識の方法を、それぞれがもっと発展した形で、複雑な形で学ぶことになります。いくつかの方法を組み合わせた形でものごとを見ていく、考えていくことになります。認識の方法は関連・系統指導案（西郷案２の２）として一八頁の表にまとめています。

こうして、いずれ中学・高校に行きますと、最終的には、弁証法的な認識の方法を学ぶことになります。

◇高学年の教科書として

このように、系統的に子どもの認識の方法を育てる国語科教育を考えていますが、文部科学省の『学習指導要領』は、そのようには考えていません。言語事項の系統指導でしかないのです。したがって、文部科学省の系統指導で編集された教科書を使って、先のように認識の力を育てる系統指導を行うことになりますから、ちぐはぐなことも当然でてきます。その学年の課題を学ばせるのに適した教材が出てこないというようなことも起こります。

たとえば、ものごとを仮説して見ることを高学年で学ばせたいと考えても、教科書を実際見ますとそういう教材がほとんどないことが現実としてあります。また、**模式**、モデル、シェーマ、パターンを設定してものごとを認識していく力は、六年生になるとできるし、ぜひ育てたいと考えています。しかし、実際にはそういう力をつけるにふさわしい教材が極めて少ないという現実があり、歯がゆい思いをしています。

さらに、六年生なのに低学年の類比・対比ぐらいの認識の方法しか出てこない教材が入っています。「認識の力を育てる」という観点から見ると、系統性に欠けると言わざるを得ません。

現行の教科書に対していろいろ不満や批判はありますが、現場の教師の立場に立ちますと、日々の授業をその教科書でやります。ですから、できるだけ私たちのねらっている「ものの見方・考え方を育てる——認識の力を育てる」という立場に立って、教科書教材にしたがって見ていきたいと思います。歯がゆさ、もどかしさがつきまとってきますが、現実に即して多少なりとも現実をこえるように考えていきたいと思います。

第二章

教材分析・指導にあたって

❶視点について

◇視点人物と対象人物

すべての文芸作品は、①だれの目から描いてあるか、②どこから描いてあるか、という視点があります。

話者（語り手）はいつでも人物をわきから《外の目》で見て語っています。しかし、時にはある人物の目と心で、《内の目》で見ることもあります。どの程度の重なり方があるかで、①〜の側から②〜に寄りそう③〜に重なる、という違いがあります。

話者（語り手）が《内の目》で見て語るほうの人物を視点人物と言います。見られるほうの人物を対象人物と言います。

視点人物と対象人物には、表現のうえで違いがあり、また読者のとらえ方も違ってきます（左の表を参照のこと）。

人物	心・姿	表現	読者
視点人物（見る側）	心（内面）	よく描かれている	よくわかる
	姿（外面）	とらえにくい	よくわからない
対象人物（見られる側）	心（内面）	とらえにくい	よくわからない 会話や行動で推測できる
	姿（外面）	よく描かれている	よくわかる

◇同化体験・異化体験・共体験

《内の目》で視点人物と同じ気持ちになった読みを《同化体験》と言います。《外の目》で視点人物も対象人物も評価する読みを《異化体験》と言います。《同化体験》と《異化体験》をないまぜにした読みを《共体験》と言います。《共体験》で、より切実な深い読みができます。

◇視角

話者の《外の目》がある人物の《内の目》によりそい、重なったとき、それをその人物の視角から語ると言います。

❷西郷文芸学における《美と真実》とは

◇自然の美と芸術の美

花が美しいとか、きれいな夕焼けとか、あるいは心の美しさというときの《美》を、自然の美、素材・題材の美といいます。絵画や彫刻、音楽、演劇、文芸など芸術における美は、美しいとか、きれいというのではなく、むしろ、おもしろいとか、味わい、趣きというべきものでありましょう。これらを芸術における美、あるいは虚構における美、略して虚構の美と呼んでいます。

◇虚構（文芸）の美

文芸の美は、素材・題材の美しさと直接には関係がありません。ありふれた、あるいは醜いものでも、文芸において表現されたものは、独特の味わい、おもしろさをもっています。芸術は素材の美醜にかかわらず、虚構の方法によって虚構の美（芸術の美）を創造します。なお、虚構の美を西郷文芸学では、「異質な（あるいは異次元の）矛盾するものを止揚・統合する弁証法的構造の体験・認識、表現・創造」と定義しています。

料理にたとえると、甘さと酸っぱさという異質なものをひとつにとけあわせた風味（美味）といえましょう。

◇美の相関説

花が美しいというとき、花そのものに美があると考える立場を美の客観説といいます。花を美しいと思う人間の心に美があるとするものを美の主観説といいます。西郷文芸学においては、主観（視点）と客観（対象）のかかわりかたに美があるという相関説を主張しています。光と物と影にたとえると、光（主観）と物（客観）との相関関係によって影（美）を生ずるというわけです。光と物は実体概念ですが、影（美）は関係概念です。

美が相関的であるということは、読者の主体性が問題になるというわけです。

◇美の発見・創造

美とはあるものではありません。読者が見出し、つくりだすものです。読者が主体的に文芸作品と「対話」して、そこから発見、創造するものです。文芸（虚構の世界）とは、読者も創造（虚構）する世界であるといえましょう。

◇美の体験・認識

美というものは、まず体験されるものです。美の体験は、感動をもたらします。文芸作品の虚構の構造（美の弁証法的構造という）を読者が明らかにしたとき、それは美の認識といいます。美の認識は、さらに美の感動（体験）を深めるものとなります。

◇美のカテゴリー

美というものは、さまざまです。料理の味にいろいろあるように、文芸の味わい（美）もまた多種多様なのです。ユーモアもペーソスも美の一種です。俳諧における「わび・さび・しをり・かるみ」なども美のカテゴリーにはいります。

◇美と真実

ドイツの国民的詩人といわれるゲーテは、「詩における美と真実」という有名なことばを残しています。すべて、すぐれた文芸というものは、人間の真実を美として表現するものです。真実にはいろいろあります。たとえば、親が子を慈しむのは、親という人間の真実です。真実とは人間普遍のものです。

真実とは、読者が「なるほど、わかる」と実感できるものです。共感できるものです。そのことを人間普遍の真実といいます。

そして、そのような真実がおもしろい、味わい深いと感じられたとすれば、それは真実が美として表現されているといいます。

真実――なるほど

美――おもしろい

すぐれた文芸は、「なるほど・おもしろい」というものとしてあるといえましょう。そのことを「花（美）も実（真実）もある」とたとえています。

ところで、《美と真実》といえば、美と真実が二つ別個にあるように誤解されがちですが、美と真実は表裏一体のものです。表あっての裏、裏なき表はない――ということです。真実のありようが美なのです。美として体験していることが実は真実なのです。

◇美と真実の教育

文芸教育は他の教科教育と相まって人間観・世界観を育てる教育であり、それを美と真実の教育というありかたで実現するものです。芸術教育はつねに《美》が問題となることを忘れてはなりません。わが国の教育では、《美》の教育が軽視されてきました。知の教育に偏ってきました。いまこそ美と真実の教育を中心にすえるべきだと思います。

文芸教育において《美と真実》は究極のテーマといえましょう。

❸ 西郷文芸学における《虚構》とは

◇虚構とは何か

本シリーズでは《虚構》という用語が使われています。世間一般でも「虚構」という用語はよく見られる用語です。しかし、そこでの「虚構」は、「つくりごと」とか「つくりばなし」、あるいは「フィクション」という意味で使われています。それは世間一般の通念としての「虚構」の考え方です。

西郷文芸学では、「文芸とは言葉の芸術であって、虚構である」と言っています。その場合の《虚構》とは、「現実をふまえて、現実をこえる世界」のことです。ですから世間一般の「虚構」の考え方とは、ずいぶん違っています。詩や俳句、短歌、物語、小説などすべてを《虚構》と言います。

◇虚構の世界

《虚構の世界》とは、日常的な常識的な意味をこえた、非日常的な、反常識的な深い思想的な意味が発見される、あるいは創造される世界のことです。これは、《虚構の世界》をつくる大事な目的なのです。《虚構》は、自分や世界を日常的な目で見るだけでなく、《虚構の目》、文芸の目で見ることによって日常のなかに深い意味を見つけ出す力をもっています。また、そのような働きをもっています。つまり、《虚構》は未来を先取りすることや、理想を先取りすることができるのです。だから現実を批判する、文明批評という機能・はたらきをすることになるのです。

◇虚構の方法

文芸作品には《虚構の世界》をつくるために、いろいろな**《虚構の方法》**が使われています。《虚構の方法》とは、現実を再構築する方法です。現実とは、日常とか常識と言い換えることができます。そのような現実をふまえながら日常や常識をこえた世界、現実をこえた《虚構の世界》をつくる方法を《虚構の方法》と言っています。比喩も一つの《虚構の方法》です。視点、構成もそうです。その他、類比・対比といった認識の方法なども《虚構の方法》です。

◇読者も虚構する

現実は私たちの肉眼で見えますが、私たちの目では見えないものもあります。それを見るために《虚構の方法》があります。それを比喩的に**《虚構の目》**と呼んでいます。文芸の世界、《虚構の世界》は、作者が《虚構の方法》を使ってつくりますが、読者はそういう文芸作品を相手取って、読者もまた作品の世界を自分自身の読み方で読むことになります。それを「主体的な読み」と言っています。《虚構の世界》は作品の内部にあるのではなく、読者が主体的にその作品と切り結んだときに、読者と作品のあいだに生まれてくる世界です。これが《虚構の世界》なのです。それを西郷文芸学では、**「読者も虚構する」**「読者も創造する」と言っています。また、そういう読みこそが本当の「主体的な読み」になります。

読者が作品を《虚構の世界》としてとらえなければ、これは単なる文章を読んだだけのことであって、そこから深い意味を見出すことはできません。主体的に読むことで読者が逆に自分自身を批判して、乗りこえていくという可能性も出てきます。

❹「単元を貫く言語活動」について

◇「単元を貫く言語活動」の縛り

改訂学習指導要領で「言語活動」が全教科で重視（前学習指導要領では「内容の取扱い」として例示されていたのが、指導事項として格上げ）され、とりわけ国語科では「単元を貫く言語活動」が強く押し出され、教科書・学力テスト・各種官製研修を通してその徹底が図られています。地域によっては指導案にも「単元を貫く言語活動」を細かく指示しているものもあります。「指導すべき項目」として格上げされた言語活動例―観察・実験やレポートの作成、記録・要約・引用・説明・論述・編集のなどの言語活動例が示され、多くの時間を割くようになりました。

学習指導要領の改訂のたび言語操作・技術主義の学習活動が増え、言語と生活の分離に拍車がかかり、子どもたちのことばの力（伝達、想像、認識・思考、表現・創造）を伸ばすことによって人間的成長をめざしていくという国語教育本来の目標からますます離れていくことに、私たちは警鐘を鳴らしてきました。

全国一斉学力テストの出題問題をみても、「読むこと」「書くこと」のどんな力が国語の学力として誘導されようとしているのかが読み取れます。非連続型テキストの「読解」「表現」として「読まない文芸・説明文教育」「書かない作文教育」の方向に授業が明らかに誘導されています。そこには、戦後日本の教師たちが理論的実践的に創造してきた現実認識を育て、人間的発達と密接にかかわるところの文芸教育・作文教育を含む国語教育全体を貫く背景をも取り去ろうとしていることは大きな問題です。

文芸教材や説明文教材の読みに時間をかけないで（「ざっくり読み」なる言葉が登場しました）、さまざまな言語活動が学習の中心となる学習風景が広がっています。言語活動例をあらかじめ示し、その動機づけに教材を扱う「単元構成学習」も教材の読みを丁寧に扱わないという点では同様です。

国語の授業で一番時間をかけなければならないのは、日本語そのもの（表記・文法・語彙・発音など）の教育と「読むこと」「書くこと」の領域です。文芸教育、科学的説明文・論説文の指導、作文教育こそ系統的な指導が必要なのです。

◇全国一斉学力テストと国語教科構造・内容の変質

全国学力テストが実施された結果、国語の教科構造・内容の強引な変更が行われました。「伝え合う力」の強調と実践の形式主義の広がりの後は、「活用力」です。「思考・判断・表現」を活用型学力とし、PISA型学力調査に対応しようとしました。学力を基礎基本の習得（A問題）と活用力（B問題）の二段階に分けて示しています。今までの学力テストの問題でも明らかなように、非連続型テキストの読解・討論・要約・推薦などの言語活動が具体的な問題として出題されました。

学習指導要領では、国語を三領域一事項―「A話すこと・聞くこと」「B書くこと」「C読むこと」と「伝統的な言語文化と国語の特質に関する事項」―とし、各学年相応の時間を配分しているにもかかわらず、学力テストの「C読むこと」の出題では、いわゆる説明文や物語文の読解の力をみる設問は皆無に等しいのです。「B書くこと」も要約が中心であり生活作文はもちろん登場しません。

「活用」とは場面設定を卑近な生活次元におろし、実用的な「言語処理能力」に狭めたものになっています。そもそもPISAなどの学力調査で指摘されたのは「主体的に理解し、主体的に表現できない」日本の子どもたちの問題でした。「知識基盤社会」の中で、国際競争力をどう確保するのかという人材育成の発想にとどまっており、結局教育を国家的・経済的視点からしか発想せず、平和と民主主義の発達、そして個人の生涯にわたる発達保障という視点が決定的に欠けています。

「活用力」の中身の「思考・判断・表現力」そのものには異論はありません。私たちも日々の教育活動で子どもたちに「思考・判断・表現力」、換言すれば《認識と表現の力》をつけたいと考えています。学習指導要領で「理解と表現」といっていた時代から、文芸研では《ものごとの本質や人間の真実を認識し表現する力を育てる》ことを主張し、国語の全領域を串刺しにした関連・系統指導（認識方法による関連・系統化）で実践を積み上げてきました。本書も《ものの見方・考え方》（認識方法）を育てる国語の授業づくりという観点で編集されています。

❺「伝統的な言語文化」の登場とその扱い

◇学習指導要領・国語の特徴

学習指導要領・国語は、戦後一貫して実用主義、言語活動主義の延長線上にあり、「話す・聞く」「読む」「書く」という言語活動の場面を三領域として設定し、その方向性は今改訂でも踏襲されています。しかし、従来の「言語事項」が「伝統的な言語文化と国語の特質に関する事項」に変えられ、「改正」教育基本法や「改正」学校教育法の伝統・文化の尊重、国を愛する態度（愛国心）の育成を反映したものになりました。

◇発達段階をふまえたものになっているか

小学校一・二年では、「昔話や神話・伝承など」が、三・四年では「易しい文語調の短歌や俳句」の「音読・暗唱」、「ことわざ・故事成語」の「意味を知り、使うこと」が、五・六年では「親しみやすい古文や漢文、近代以降の文語調の文章について、内容の大体を知り、音読すること」が述べられています。三・四年の短歌・俳句は、従来は高学年で扱っていたものであり、五・六年の教材を見るとほとんどが、従来中学校用教科書で扱われていたものです。

◇音読・暗唱中心の問題点

共通することは、内容の理解よりも音読・暗唱中心で、声に出して読むことでリズムや響きを身体で感じ取らせようとしていることです。「伝統文化の理解は古典の学びから……日本語という言語体系そのものが日本の文化の象徴であることにも気づかせたい」（梶田叡一・中央教育審議会委員）という意図がわかります。日本語の美しさ・優秀さを強調し、愛国心・民族意識を涵養しようとしているといえます。音読・暗唱の教育的意義をすべて否定するものではありませんが、戦前・戦中の教育勅語や歴代天皇名の暗唱に代表される鍛錬主義には、抑制的であるべきです。

◇どのような扱いをすればいいのか

「説明」「報告」「メモ」「提案」「手紙」「記録」などの言語活動を扱う単元が増え、さらに「伝統的な言語文化」の増加で、限られた時間の中では、どう考えても詰め込み教育にならざるを得ません。「詰め込み」ではという批判に対して、「個々の児童生徒の理解の程度に応じた指導への転換を」と文部科学省は強調していますが、学習上の格差が拡大するのは明らかです。では、実際、子どもたちの力をつけるために教室ではどうするかです。それは、結論的に言うと、子どもの発達段階をこえた教材には多くの時間をかけないで紹介的に済ませるということです。文芸や説明文、作文指導に多くの時間をあてるといいでしょう。短歌や俳句などは、従来どおり高学年で鑑賞指導も含めて文芸教育として丁寧に扱ってほしいと思います。

❻文芸の授業をどのように進めればいいのか

文芸研では、導入の段階としての《だんどり》、展開の段階としての《とおしよみ》《まとめよみ》、整理の段階としての《まとめ》という授業段階を考えています。

◇《だんどり》の段階

授業の《ねらい》を達成するために必要な生活経験の思い起こしをさせたり、作者や作品の背景についての予備知識を与えたりして、学習に興味をもたせ、読みの構えをつくります。

◇《とおしよみ》の段階

この中には《ひとりよみ》《よみきかせ》《はじめのかんそう》《たしかめよみ》があります。ここでは、イメージの筋に沿って、その場に居合わせるように、ある人物の身になってわがことのように、また、わきからそれらの人物をながめるようにさまざまに《共体験》させます。この《たしかめよみ》に一番多くの時間をかけます。

ここで大切なことは、《ねらい》に沿って切実な文芸体験をするために視点をふまえたイメージ化や表現方法、文法をきめ細かく血の通った形で学ばせることです。

◇《まとめよみ》の段階

《まとめよみ》では、《たしかめよみ》で学んだことをふまえて、人間の真実やものごとの本質・価値・意味（思想）をとらえさせます。また、作品から自分にとっての意味を見つけること（典型をめざす読み）、作者が作品世界や人間を表現している方法（虚構の方法）を学ぶことが課題になります。

◇《まとめ》の段階

《おわりのかんそう》を書かせたり、発表させたりして、学習をしめくくると同時に、《つづけよみ》などをして、関連づけて実践したい学習への橋渡しをします。

《だんどり》から《まとめ》までの指導＝学習過程で大事にしたいことは、授業の《ねらい》を一貫させることです。

⑦読書指導について

◇読書の目的

読書には知識を豊かにするというほかにも大切なことがあります。それは、「人間観・世界観を学ぶ」ということです。

◇文芸の授業と読書の関係

読書指導の基礎になるのは、教師と子どもの集団で、確かさをふまえた、豊かで深い読みをする文芸の学習です。この中で子どもたちに文の本質、構造、方法などの基本的な知識を与え、あわせて文芸の正しい、豊かな読み方に習熟させます。そうすることによって意欲も生まれ、進んでさまざまなジャンル、テーマ、思想をもった作品に幅広く出合うことができるのです。深く学び広く読むことが、のぞましい読書指導です。

◇つづけよみ

ある観点でいくつかの作品を関連づけることによって、深い思想を生み出すことが期待できます。幼児や小学校の段階でも、授業の展開として絵本や短い作品数冊程度で《つづけよみ》させることができます。

《つづけよみ》では、同じ作家の作品を続けて読むことが多く見られます。一人の作家の世界をひとまとまりに知ることは、多くの作家の作品をばらばらに数多く読むということとは違った大きな意味があります。作家の考え・思想を深く学ぶことができます。

《つづけよみ》には、表現方法に着目して作家の共通する特徴をつかむ読み方もあります。同じ作家の場合、作品は異なっても、どこか共通する表現方法があります。構成や表現の仕方から作家の思想に近づくこともできます。小学校高学年にならないと難しいでしょう。

◇くらべよみ

《つづけよみ》の中に《くらべよみ》という方法があります。異なる作家が書いた作品で、題材やテーマが同じであっても違う考え方・切り口・表現方法（文体）をもった作品を比べながら読むやり方です。いくつかの作品の似ているところ、違うところを比べながら読むことにより一つひとつの作品では見えなかった深い意味を読みとることができます。また、作品に描かれた状況を、読者が生きる今日の状況と重ねることも必要です。

◇典型をめざす読み

作中の人物と自分とを重ね合わせて考える読みです。主人公の生き方と比べて自分をふり返る読み方をすることです。また、作品に描かれた状況を、読者が生きる今日の状況と重ねることも必要です。

◇読書記録

読書記録は、読書量を競うというより《つづけよみ》をして、考えを深めた自分のための記録です。

◇親子読書

経験の違う人と一つの作品を読み、とらえ方の違いを学ぶということもありますが、家族のつながりを深めることにも役立ちます。

第三章

六年の国語で何を教えるか

①「支度」（黒田三郎）

一連で〈何の匂いでしょう／これは〉と、いきなり問いかけられます。それは〈春の匂い〉、つまり〈真新しい着地の匂い／真新しい革の匂い／新しいものの／新しい匂い〉です。二連では、新鮮な春の息吹を感じさせるイメージが反復されています。三連には〈希望〉〈夢〉〈幸福〉という抽象的なイメージが連ねられていますが、二連の具体的なイメージに支えられて、実感を伴って読むことができます。四連では、再び具体的なイメージで〈ごったがえす／人いきれのなかで／だけどちょっぴり／気がかりです〉という**語り手**のことばが続き、〈心の支度は／どうでしょう／もうできましたか〉と、**聞き手**に向かって呼びかけています。初連と終連が、いずれも問いかけ、語りかけの形として照応しているのが、この詩の特徴と言えるでしょう。

この詩では、「あなた」「きみ」といった人称代名詞はいっさい用いられていません。にもかかわらず、初連と終連の問いかけがひびき合って、読者は明らかに自分に向かって呼びかけられていると感じるのではないでしょうか。

ですから読者である子どもたちは、〈春の匂い〉の中で、自分にとっての〈希望〉〈夢〉〈幸福〉とはいったい何か、考えさせられます。また、〈心の支度は／どうでしょう／もうできましたか〉と問われて初めて、自分にはどんな〈支度〉が必要なのか、考えずにはいられなくなります。なぜなら、この教材は教科書の最初に掲載されており、読者である子どもたちは、小学校最終学年である六年生のスタート地点で、この詩と出会うことになるからです。

新しい気持ちで、自分たちにとっての夢や希望について語り合い、どんな支度が必要か、学級の仲間とともに考え合いたいものです。

（三好敬子）

【参考文献】『全集4巻』（恒文社）

②「カレーライス」（重松　清）

◇想定した読者と視点人物

六年生を読者として想定し、**視点人物**に六年生の人物を登場させ、この時期の子どもたちの日常生活の中での家族との葛藤、心理をテーマにした作品です。ですから、六年生の子どもたちは共感しながら読めるのではないでしょうか。

◇仕掛のある書き出し

〈ぼくは悪くない。だから、絶対に「ごめんなさい。」は言わない。言うもんか、お父さんなんかに〉と波乱が起きそうな書き出しになっています。読者を引きつけ物語の中へ誘い込む**仕掛**になっています。仕掛は書き出しや題名の大切なはたらきですが、このはたらきは中学年でわからせたい課題になっています。六年では、この教材で学習したことを生かして、作文やスピーチなどに仕掛を使う（身につける）ことができるようになることが課題です。

◇〈ぼく〉の心情の変化の過程から成長をつかむ

この教材では、〈お父さん〉や〈お母さん〉との**関係**で、〈ぼく〉の心情がどのように揺れ動き、葛藤しながら変化・成長していったかという**過程**が描かれています。

葛藤とは、**矛盾**と言い換えることができます。矛盾とは、一つのものの中に相反するものが同時にあることです。「Aであると同時に非Aである」ということです。**対比**は、二つ以上のものの違いに目をつけて比べることで、矛盾ではありません。

この作品の中には、〈ぼく〉の心情の葛藤・矛盾が多く描かれています。〈言いたかったけど、言えなかった。〉〈うれしくて、でもやっぱりくやしくて、そうはいってもうれしくて――〉といった記述を順に追って、その変化の過程を見ていきましょう。そうすることで、〈ぼく〉の心情の変化と成長がはっきりとつかめると思います。

〈お父さん〉〈お母さん〉の言動と〈ぼく〉の言動や気持ちを関係づける表をつくり、〈ぼく〉の心情の変化を追うのも一つの方法です。

◇共体験

この作品は読めばわかりますから、読解はあまり必要としません。文芸の読みで一番大切なことは文芸体験をしっかりさせるということです。切実な**共体験**です。「いつ・どこで・だれが…」のような事件の筋やことがらの筋を読むことだけが目的になってはいけません。文芸を文芸として読むにはどのように読めばいいのかを、とり立てて指導してほしいと思います。

読むことで大切なのは、**視点**をふまえて文芸体験することです。この作品は話者（語り手）が〈ぼく〉＝〈ひろし〉の目と心に寄りそって語ります。**視点人物**である〈ぼく〉の気持ちや考えがよくわかります。〈ぼく〉の目と心に寄りそって、〈お父さん〉や〈お母さん〉の姿を見ていくことになります。〈ぼく〉の**内の目**に寄りそって「ああ、自分によく似ているなぁ。」、「なんかわかるよなぁ。この気持ち。」と〈ぼく〉の気持ちや考えになって読むことができます。これを**同化体験**といいます。なぜそのような気持ちになったかという理由も考えながら読むといいでしょう。

また、〈ぼく〉をつきはなして**外の目**で「ああ、意地張っちゃって。」、「もっと素直になればいいのに。」と〈ぼく〉を対象化して読むこともできます。これを**異化体験**と言います。〈ぼく〉の考えていることはわからないでもないが、少しおかしいのではないかなどと外から批判的に読むことです。

このように同化体験と異化体験をない混ぜにした読み方をしてほしいと思います。これを共体験と言います。

「学習の手引き」に〈登場人物の心情をとらえよう〉とありますが、これは同化体験をするための手だてです。これだけでは不十分です。さらに〈「ぼく」の言動を見る〉という手だても必要なのです。つまり、異化体験をさせてほしいのです。〈ぼく〉を外から批判的に見るということは、〈ぼく〉と同じ学年の読者である読者自身を《外の目》で批判的に見る力、自分を対象化する力を育てることになるのです。この時期の子どもたちに、この力こそしっかり育てることが大切なのではないでしょうか。

◇「甘口」と「中辛」、「特製カレー」を意味づける

二八頁の「学習の手引き」の上段に〈物語の最後に、「ぼくたちの特製カレーは、ぴりっとからくて、でも、ほんのりあまかった。」とある。この表現には、どんな意味がこめられているだろうか〉とあります。「特製カレー」を意味づけることは、おもしろい問題提起です。「特製カレー」だけでなく、まず「甘口」と「中辛」を意味づけさせてください。

思春期の入り口に立つ読者である六年生の子どもたちに、自分にとっての「甘口」と「中辛」とは何かを考えさせることは意味あることです。つまり**典型をめざす読み**にまで高めていきたい教材です。

「甘口」と「中辛」という表現には、カレーの味と成長の度合いという二重のイメージがあります。人物の成長を、比喩として、象徴として意味づけることができるのではないでしょうか。また、「特製カレー」の〈ぴりっとからくて、でも、ほんのりあまかった。〉は〈ぼく〉の矛盾する心情も表しているのではないでしょうか。また、子どもと大人の両方が混じった〈ぼく〉の人物像を「甘いと同時に辛い」というたとえで表したものとも読めます。作者の意図を

こえて、読者はさまざまに意味づけすることができます。他にもおもしろい意味づけを考えさせてください。

なお比喩や象徴は、あるものを、別の直接関係ないあるものと共通するイメージや意味でつなぐことです。これを**関連**と言います。直接つながりがあるものは**関係**と言います。関連は高学年で学ばせたい**認識の方法**です。

（この項は、旧『指導ハンドブック高学年』所収の「カレーライス」に加筆しました。／森田耕司）

③「笑うから楽しい」（中村　真）

◇なぜ二つの教材を並べるのか

六年生最初の説明文教材です。「時計の時間と心の時間」とセットで一つの単元構成となっています。光村版教科書では、三年生以上の学年で一学期の説明文単元は二つの教材を並べて構成しています。ただ並べて授業するだけでは意味がないので、一つめの教材の学習が二つめの教材の学習に発展的につながっていくような教材研究・授業構想が必要となるでしょう。

「笑うから楽しい」は「時計の時間と心の時間」に比べると、文章量が短いため構造がとらえやすく、内容も身近でわかりやすいものとなっています。ですから「笑うから楽しい」で説明文教材の学び方の典型を示し、「時計の時間と心の時間」の学習につなげていきたいものです。

文芸研のめざす説明文の授業は、表現の内容（書いてあること）を読解するだけでなく**認識の内容**（ものごとの本質・法則・価値・意味）を学ぶこと、認識の内容に至るための**認識の方法**（ものの見方・考え方）を学ぶこと、**筆者の説得の論法**から学ぶことを重視しています。

◇文章の構造と説得の論法

「笑うから楽しい」という題名は、とても不思議です。私たちは「楽しいから笑う」のであって、〈笑うから楽しい〉わけではありません。常識を覆す題名により、読者は興味をもって本文を読み始めることになります。また、本文では「笑う＝体の動き」と「楽しい＝心の動き」との密接な関係について述べていくわけですから、「笑うから楽しい」という題名は、この説明文の**観点**を示していることにもなります。「笑うから楽しい」という題名をつけるということは、読者がわかりやすくおもしろく読んでいくための、筆者の**説得の論法**の一つなのです。

本文は四段落から成り、教科書上端に〈初め〉〈中〉〈終わり〉と区分されています。「初め・中・終わり」という用語が一般に用いられていますが、「中」というのは「上下」「前後」に対応することばであり、**「はじめ・つづき・おわり」**という用語を使う方が適切でしょう。

「笑うから楽しい」では、「はじめ」の部分と「おわり」の部分で述べている内容がほぼ同じです。心の動きと体の動きとが互いに影響を与え合う相関関係にあるという、この説明文の結論（要旨）が、「はじめ」と「おわり」で述べられているのです（これを一般的に「双括型」と呼ぶこともあります）。

「はじめ」の第一段落で〈体を動かすことで、心を動かすこともできるのです。泣くと悲しくなったり、笑うと楽しくなったりするということです〉と言われても、読者はすぐには納得できません。〈悲しいときに泣く、楽しいときに笑う〉というのが常識だからです。ところが、「おわり」の第四段落の〈楽しいという心の動きが、えがおという体の動きに表れるのと同様に、体の動きも心の動きに働きかけるのです〉には、読者も納得するのではないでしょうか。それは「つづき」の第二・三段落で、実験とその科学的解説による事例が提示されているからです。もし「つづき」の事例が示されていなかったらと仮定すれば、「おわり」での読者の納得は得られません。具体的な事例をあげることで、体の動きが心の動きに働きかけることを説明する**説得の論法**です。

◇「時計の時間と心の時間」との《つづけよみ》

直接の関係がない複数の作品を、ある観点で関連づけて読むことにより、さらに深い意味づけをめざす読みの方法を**つづけよみ**と言います。

「笑うから楽しい」と「時計の時間と心の時間」との《つづけよみ》は、次のような観点で行うことが考えられます。

まず、文章の構造を関連づけて考えることです。「はじめ」と「おわり」で結論を述べ、「つづき」に具体的な事例をあげていく**説得の論法**は、両者に共通しています。

次に、**認識の方法**（ものの見方・考え方）での関連づけです。「笑うから楽しい」で、心の動きと体の動きとの相関関係を発見しましたが、「時計の時間と心の時間」において「時間」について考えるときにも、**相関的な見方・考え方**を用います。時間の感じ方も、何かとの相関関係により変化するのではないかと、**仮説**を立てながら読むことが可能となります。

さらに、二つの教材を読むことをとおして、心の動き（感情、知覚、脳のはたらき）についての科学的な探求を深めることができます。そして、それは四四頁〈この本、読もう〉にも例示されているような、子どもたちの読書活動へも発展していきます。

（山中吾郎）

❹「時計の時間と心の時間」（二川　誠）

「時計の時間と心の時間」は、前の教材である「笑うから楽しい」の学習をふまえて、筆者の考えや意図とそれに説得力を持たせるためにあげている事例との関連を捉えた後、自分の考えをまとめ「意見文」を書き、発表し合う教材として取り扱っています。

◇題名のはたらき

説明文の題名は、一般的には、読者に読みの**観点**を示す役割があります。また、読者が最初に読むところですから、読者の興味・関心を引く表現の方がよいわけです。

「時計の時間と心の時間」という題名を読んだ読者は、〈時計の時間〉というのは、知っているが、〈心の時間〉とは、どういう意味だろう、心に時間があるのかな、心と時間に何の関係があるのだろうなど、いろいろな疑問がわき、先を知りたくなります。この疑問が読みの**観点**にもなり、**仕掛**にもなっています。

◇時計の時間と心の時間の対比【一〜二段落】

読者は、〈心の時間〉とはどういうことかという、疑問を解決するために本文を読み進めていきます。

書き出しで〈私たちは毎日〉〈時間と付き合いながら生活し〉〈全く時計を見ずに過ごす日はないでしょう〉と読者に問いかけています。問いかけられた読者が、そういえばそうだ、家でも学校でも時計を見ずに過ごす事はないなと、読者の持っている常識を再確認した後、〈実は、「時計の時間」と「心の時間」という、性質のちがう〉時間と〈私たちはそれらと共に生きている〉と述べ、しかも〈「心の時間」に目を向けることが、時間と付き合っていくうえで、とても重要である〉と強調しています。

ここまで読み進めた読者は、筆者が〈とても重要〉だと強調している〈心の時間〉とはどういうことなのだろうと、ますます知りたくなり、先を読み進めていくことになります。

二段落では、読者に〈きっと時計が表す時間のことでしょう〉と問いかけ、〈私はこれを、「時計の時間」と〉よび〈時計の時間〉を〈いつ、どこで、だれが計っても同じように進〉むと定義付けをしています。これは読者にとっては既知のことであり、常識になっていることで

板書例

いつ、だれが計っても同じ
時計の時間（進み方が変化しない）

↕ 対比 ↕

心の時間　（進み方が変化する）
いつ、だれにとっても同じではない
速く過ぎたり・遅く過ぎたり
人によってちがう
さまざまな事がらのえいきょう

もあります。その後に、〈しかし〉と逆接の接続詞を使い、〈「心の時間」とは、私たちが体感している時間〉だと述べ、さらに〈あっというまに時間が過ぎ〉たり〈なかなか時間がたたない〉と〈思ったりしたことはありませんか〉と読者に問いかけ、〈心の時間〉が長く感じたり短く感じたりすることを具体的に分からせる工夫（**仕掛**）をしています。

このように問いかけられた読者は、そういえば、昼休みは短く感じ、授業時間は長く感じるなあなど、色々な場面で感じる時間の長さの違いを考えることでしょう。実際の授業では、教科書の挿絵などを使いながら、子どもたちに具体的に想起させるといいと思います。

次に、〈心の時間〉は〈さまざまな事がらのえいきょうを受けて進み方が変わったり、人によって感覚がちがったりする特性〉があると定義付けをしています。このように〈時計の時間〉と〈心の時間〉を**対比**させることにより、より分かりやすくなります（**説得の論法**）。

◇感情と心の時間の関係【三段落】

題名に示された**仕掛**と**観点**に沿って読み進めてきた読者は、〈心の時間〉が自分たちが体感している時間の長さのことであり、〈時計の時間〉が同じでも長く感じたり、短く感じたりする事があることを自分の経験も含めて、理解することができます。そして、〈心の時間〉が長く感じたり、短く感じたりするのは、〈さまざまな事がらのえいきょう〉によって変化していることを理解します。しかし〈さまざまな事がら〉とはどんなことなのだろうという新たな疑問も生まれます。つまり《仕掛》に対する答えが新たな《仕掛》を生み出す構造になっています。

その〈さまざまな事がらのえいきょう〉とは何かという読者の新たな疑問に対する一つ目の答えとして〈その人がそのときに行っていることをどう感じているかによって、進み方が変わる〉つまりものごとを行っているときの感情と〈心の時間〉との関係をあげています。すぐ説明に入るのではなく、〈みなさんも、楽しいことをしているときは〉〈速く〉〈たいくつなときはおそく感じたという経験があるでしょう〉と読者に問いかけています。

問いかけることによって読者はそのことを考えるようになり、理解が容易になります。読者はこのような経験を数多くしているでしょうが、なぜ、そのように感じるのかの理由まではおそらく考えたことはないでしょう。このように読者に意識づけをした後、〈このようなことが起こるのは、時間を気にすることに、時間を長く感じさせる効果があるためだと考えられ〉ると理由を述べます。その後に、ゲームの例をあげ、集中しているときは、時間を気にする回数が減り、その

板書例

楽しい事→集中する→時計を気にする回数が減る（短く感じる）

対比 ↕

いやな事→集中しにくい→時計を気にする回数が増える（長く感じる）

感情　〈心の時間〉

結果、時間があっという間に過ぎるように感じ、嫌なことおもしろくないことには、集中しにくいので、時間を気にする回数が増え、その結果、時間が長く感じることを例示しています。このように先に結論を述べその後にそれをわかりやすくするために事例をあげることによって、読者の理解が深まる効果があります。

◇時間帯と心の時間の関係【四段落】

〈さまざまな事がらのえいきょう〉とは何かという読者の疑問に対する二つ目の答えとして四段落では、一日の時間帯と心の時間の関係をあげています。これは、三段落の感情と心の時間の関係と比較して、読者である六年生には実感しにくいものです。感情と心の時間の関係は、読者自身が経験し、実感していることを説明しています。しかし四段落の時間帯と心の時間の関係は実際に起こっていることではあるのですが、それを意識し実感することは難しいことです。

そこで、筆者は実験①の結果をグラフで例示しています。読者はその示されたグラフの数値を読み取ることによって、確かに〈朝や夜は、昼に比べて長い時間がたって〉おり〈昼よりも時間が速くたつように感じている〉ことを信憑性をもって理解することができます。

このように、〈実験①〉とかグラフの例示、具体的な数値などを事例としてあげることは、筆者の考えや意図に信憑性を与え、説得性を高めます。これも**説得の論法**の一つです。

読者には、昼より朝や夜が〈心の時間〉が速く感じることは分かったが、なぜそうなるか

板書例

朝・夜→体の動きが悪い→時間が速く進む
（朝・夜だからこそ時間がかかる）

条件の違い ⟷ 対比　　　　⟷ 対比

昼→体の動きが良い→時間が遅く進む
（昼だからこそすぐできる）

という新たな疑問**（仕掛）**も生まれます。その疑問に対する答えとして、〈時間帯の体の動きのよさと関係〉し〈朝、起きたばかりのときや、夜、ねる前には、動きが悪くなり〉〈昼間であればすぐにできることでも、時間がかかる〉から朝や夜は時間が速く過ぎるように感じるのだと理解することができます。

時間帯によって心の時間の感じ方が変わるということは、その人の置かれている**条件**（朝・夜、昼）の違いによって引き起こさるということです。

人を含めたものごとは、置かれている条件によって変化するものであるという**条件的なものの見方・考え方**も同時に身に付けるように授業を組み立てることが大切だと思います。

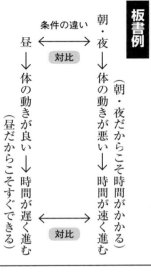

◇環境と心の時間の関係【五段落】

〈さまざまな事がらのえいきょう〉の三つ目として、五段落では、身の回りの環境と〈心の時間〉の進み方の変化をあげています。そして、〈身の回りの環境によっても、「心の時間」の進み方〉が変わるのは、〈身の回りから受ける刺激の多さと関係〉があると述べています。

これも四段落の時間帯と心の時間の関係と同じように、読者である六年生が実感し理解することは難しいことです。ですから、筆者は四段落と同様に実験②の結果を読者に図で示し、な

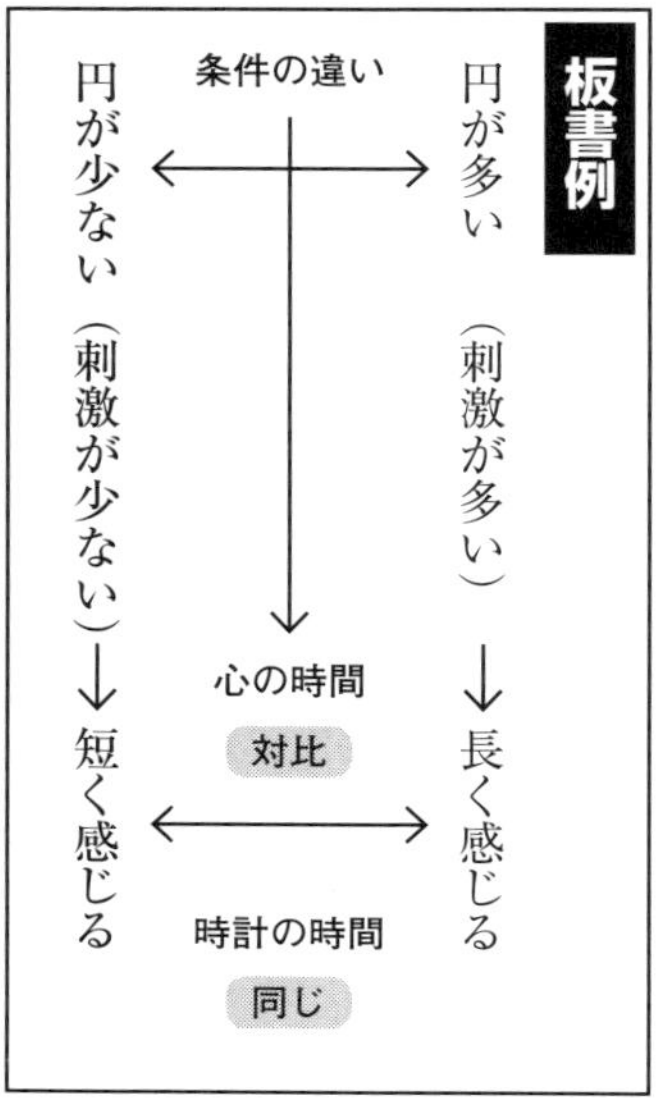

るほど人は〈表示時間が同じでも、円の数が増えるほど、長く映っていた〉と感じる傾向があるのだ、画面に映る円という刺激が多いほど〈心の時間〉が長く感じる傾向があるのだと実験②の事例をもとに理解することができるのです。これも**説得の論法**です。

〈身の回りの環境〉は、言い換えると、その人が置かれている**条件**の違いです。ここでも条件によって〈心の時間〉の進み方は変化することが述べられているのです。

その後、〈物が少ない部屋〉と〈たくさんある部屋〉を対比し、物が多い部屋は〈受ける刺激が多い〉から〈おそく感じるのではないかと考えられます〉と例示しています。

部屋の例では、ものが多い少ないという刺激の違い（条件の違い）だけではなく、他の《条件》の違い（楽しい・楽しくない、朝夜・昼など）によって必ずしも遅く感じるとは限らない場合があるので、「おそく感じると考えられます。」と断定していないところに、科学者である筆者の良心を感じます。

◇人によって異なる心の時間【六段落】

六段落では、〈さらに〉と五段落までに述べてきた〈さまざまな事がらのえいきょう〉〈**条件**

の違い〉を受けて〈心の時間〉の進み方が違ってくることの他につけたす形で、〈人によって感覚がことなるという特性〉があると述べています。これも読者にとっては分かりにくいところです。そこで、筆者はすかさず〈簡単な実験をしてみましょう〉〈トントンと軽くたたいてみてください〉と呼びかけています。このように筆者が読者に呼びかけたり、問いかけたりすることも**仕掛**の一つです。

授業でも筆者の呼びかけにのって、実験をしてみてください。学級の規模にもよりますが、一斉に実験をした場合、無意識にリズムが一致してしまう場合も考えられますので、複数の児童に一人ずつある程度たたかせ、一定のリズムになった後、五十回なら五十回と数を決めて、それにかかった時間を計り、その時間の違いを具体的な数値で児童に示す方法がいいと思います。

このような実験を体験すれば、〈テンポは人によってことな〉り〈歩く速さ〉〈会話での間の取り方〉などの〈活動のペースと関わりがある〉ことが実感を伴って理解することができると思います。そして、自分が持っている〈ペースとことなるペースで作業を〉すると〈ストレスを感じる〉ことが読者の体験と照らし合わせて考えることにより、より切実に実感できます。

そして、この段落の〈それぞれにちがう感覚で時間と向き合っている〉という結論が無理なく理解することができます。

◇「時計の時間」と「心の時間」のずれ【七段落】

この段落は、四三頁の学習のてびきにあるように、二つのことが述べられています。

一つは、〈心の時間〉は、〈心や体の状態〉などの人が置かれている**条件**や〈それぞれにちがう「心の時間」の感覚〉つまり個人の持っている《条件》によって進み方が違うので、社会を成り立たせていくためには、一人ひとりが違う〈心の時間〉を調整しているのが〈時計の時間〉であり、これがないと現代社会が成り立たなくなるが故に〈不可欠なものである〉と述べています。ここも読者の体験（始業時間や授業時間など）と照らし合わせ、具体的に事例をあげながらまとめさせる必要があります。

二つ目は、〈「時計の時間」どおりに作業し続け〉ることや〈複数の人が長い時間、同じペースで作業〉することが〈とても難しい〉ということです。ここも読者の体験と照らし合わせ、具体的な事例をあげさせながらまとめさることで、より実感をともなって理解することができると思います。

◇時間と付き合うちえ【八段落】

ここまで読み進めてきた読者は、「心の時間」が周りの**条件**や一人ひとりが持っている《条件》の違いによって生まれており、それを調整し社会を成り立たせているのが〈時計の時間〉であることを理解することができます。

そして、〈二つの時間と共に生活〉し、〈私たちに必要なのは、「心の時間」を頭に入れて、「時計の時間」を道具として使うという、「時間」と付き合うちえ〉だという筆者の主張を無理なく理解することができます。

◇意見文の交流

筆者は色々な対象（この説明文では「時計の時間」と「心の時間」）をとらえるのに、まず、**観点**を決めて**比較**（**類比・対比**）や**条件的に見る**など具体的な**認識の方法**を使っています。そして、読者に説明しようとしている内容が分かりやすくなるように文章表現を工夫しています（**説得の論法**）。この認識の方法と説得の論法を授業で取り扱うことによって、書かれてある内容をとらえることができます。

この「時計の時間と心の時間」の**認識の方法**（**対比・条件**など）や《説得の論法》をしっかりと授業で取り上げ、観点をはっきりさせ、対読者意識をもって、文章を書くことの大切さをわからせておきます。そうすれば、**仕掛**のある文章や具体的な事例をあげるなどの工夫を子どもたちはすることでしょう。

そして、子どもたちが書いた「意見文」を互いに交流することで、友だちの感じ方や考え方の違いを知り、人間に対する認識を広げることに繋がります。

自分では気づかなかった着眼点や自分で見つけることができなかった見方を知ることができます。また、友だちの表現上の工夫を知ることによって、自身の文章表現力も向上していくことになります。
学級の人数が多く全員の交流が無理であれば、数人の作品を取り上げて交流することもいいと思います。このような取り組みを通して子どもたちは、文章を書く意欲が高まるのです。

（藤崎　豊）

❺ 学級討論会をしよう

「調べたことやまとめたことについて、討論などをする」言語活動単元です。討論するためには、本で調べたり、アンケートやインタビューを行ったりするなど資料を用意することが必要です。討論会の進め方を理解することも必要です。司会・記録・時間管理係などの進める役割、主張をする肯定グループと否定グループ分けと発言準備、討論を聞くグループなどの役割を明確にすることです。
討論では、異なった角度からの意見が出たり、新たな提案が行われたりすることが予想されます。準備した資料に基づいて明確に対応することが求められます。また、討論会の形式には、座談会・パネルディスカッション・ディベートがあることも知らせます。

（上西信夫）

❻ 本は友達・私と本

◇読書の量と質

教科書には、読書指導にかかわる「本は友達」という単元やコラムが随所に掲載されています。その中で五四〜五七頁にあるのは〈自分にとって本はどんな存在か〉〈自分と本とのかかわりについて〉考えさせる内容になっています。生活のさまざまな場で広く読書が生かされることをねらっています。また、二四二〜二四五頁と四頁にわたって「この本、読もう」と、さまざまなジャンルの本が紹介されています。これも同じねらいから紹介されているものと思います。（本の内容を紹介する文の参考例にもなっています。）

読書指導の目的には多読によって知識の量を豊かにすることがあります。また、さまざまな分野の知識を偏りなく知ることは、自分の将来の可能性を広げることにも役立ちます。読書離れが進んでいる現状の中で、糸口はどこからでもいいから興味をもてる本を見つけ、読書好きになるきっかけになればというねらいもあるでしょう。

しかし、読書には知識を豊かにするという他にも大切なことがあります。それは、「人間観・世界観を学ぶ」ということです。前者が量を問題にしていることに対して、後者は質を問題にしています。もちろんどちらも大切なことですが、ともすると量だけを課題にする傾向はないでしょうか。

読書指導のあり方を『全集24文芸の読書指導』（恒文社）を参考にしながら文芸の読書指導を中心に考えていきましょう。

◇文芸の授業と読書の関係

言語活動などに時間がとられ文芸の授業がていねいに行われない、音読中心で済ませる授業、どの教材でも間に合うようなマニュアル化された発問で進む授業などでは、文芸の豊かで深い読みは保障されません。読み方が身についていない中で、読書指導をすすめても自分一人では読めませんから意欲も関心も出てこないのではないでしょうか。読書で多読を期待するためにも文芸や説明文の授業でていねいな指導（精読）は欠かせません。

文芸の授業は選ばれた珠玉の短編を、長い時間をかけて、教師と子どもの集団で、きちんときめ細かく深く突っ込んで読み合う作業です。それは取り上げた一つの教材を深く理解するというよりは、この作業によって子どもたちに文芸の本質、構造、方法というものについて基本的な知識を与え、あわせて文芸の正しい、豊かな読み方というものに習熟させるということがねらいになってくるでしょう。（前掲書二五五頁）

文芸の授業は年間取り上げる作品の数も少なく、そこで取り扱う作品のジャンル、テーマなども限られたものになりますから、文芸の読書指導でそれらをできるだけ押し広げるということが考えられます。つまり、さまざまなジャンル、テーマ、思想を

もった作品に幅広く出会わせてやることになります。(前掲書二五六頁)

いわば、ピラミッドの頂点と底辺にたとえることができるでしょう。頂点〈文芸の授業〉は、幅広い文芸読書の体験に支えられることが必要であり、底辺〈文芸の読書〉は、すぐれて高い文芸の授業の質によってその成果が保証されるという関係にあります。文芸の授業と読書指導の関係は、車の両輪のように互いに補いあうものでなければなりません。「深さと広さ」は文芸体験ののぞましいあり方なのです。(前掲書二五六頁)

この考えを基本にして読書指導をしていくことが大切だと思います。

◇同じ作家の作品や同じテーマで《つづけよみ》する

一三三頁の「この本、読もう」には、〈宮沢賢治の作品は、他にもたくさんあります。作品の構成や、さまざまな表現などに着目して、自分なりの読書の世界を広げましょう〉という学習課題が提起されています。文芸研が提唱する**つづけよみ**にかかわる読書の方法です。《つづけよみ》には、このように同じ作家の作品をつづけて読む場合があります。〈一人の作家の世界をひとまとまりに知ることは、多くの作家の作品をばらばらに数多く読むということとは違った大きな意味があります。〉(前掲書二六一頁)

また、同じテーマのいくつかの作品をひとまとまりにして読む場合もあります。いくつかの作品の似ているところ、違うところを比べながら読むことにより一つひとつの作品では見えなかった深い意味を読みとることができます。

《つづけよみ》の一番の目的は、人間観・世界観、つまり、人間や人間をとりまく世界についての認識を深めていくことです。

「やまなし」と「よだかの星」「なめとこ山の熊」などをつづけて読むと、「そこに賢治が終生問い続けてきた人間存在の根源的な問いがあることに気づかれるでしょう。生命あるものが他の生命あるものを殺して食うことによって自己の生命を支える――このおそろしい、悲しい矛盾について」（前掲書一五三頁）深く考えさせられるに違いありません。

◇作家の人生と重ねながら、作品を読む

一人の作家の人生と重ねながら、作品を読むことで作品のテーマを深めることができます。

「イーハトーヴの夢」（一一九頁）の中に書かれた宮沢賢治の生き方・人生を重ねることで「やまなし」（一〇八頁）に書かれたテーマを深めることができます。

作家、井上ひさしが、「賢治の祈り」（「ちくま日本文学　宮沢賢治」のあとがき）の中で、「作品とその作家とを大いにごっちゃにし、それからあらためて作品へ立ち返ると、いっそうその滋味がますという作家もいて、その代表格の一人が疑いもなく宮沢賢治である」と書いているとおり、特に賢治の場合、その人生と重ねるということは作品を味わううえでも大切です。

◇違う作家の同じテーマ作品で《くらべよみ》する

つづけよみの一つに**くらべよみ**という方法があります。

異なる作家が書いた同じ題材やテーマであっても違う考え方・切り口・表現方法（文体）をもった作品を比べながら読むやり方です。たとえば、友情というテーマであれば、「お手紙」（アーノルド＝ローベル作・絵／みき　たく訳）、「ウクライナ民話　てぶくろ」（エウゲーニー・M・ラチョフ絵／うちだ　りさこ訳・福音館書店）、「アナトール、工場へ行く」（イブ＝タイタス作／田谷多枝子訳）「三つのお願い」（ルシール＝クリフトン作／金原瑞人訳）などの内のいくつかを《くらべよみ》することで友情がどういうものかをさまざまな面から**多角的に見る**ことができるでしょう。

宮沢賢治の比喩や声喩を《つづけよみ》で扱ったら、新美南吉の比喩や声喩の使い方との違いに着目させ、文体による《くらべよみ》をさせることもできます。

（中島和人）

【参考文献】『宮沢賢治「やまなし」の世界』（西郷竹彦著　黎明書房）
『全集24巻　文芸の読書指導』

7「森へ」（星野道夫）

◇筆者について

「森へ」は、写真家である星野道夫が、アラスカの大自然で見た風景を写真とともに紹介した随筆です。筆者の星野道夫は、写真家としてのこだわりをもっていて、自然の中に入って行くときには、たとえそこが危険な場所であっても決して銃をもたなかったそうです。しかし、そのこだわりの故、カムチャッカ半島で取材をしているときに、ヒグマの襲撃に遭い若くして亡くなられました。作品に入る前に、筆者についてこのようなエピソードを話すことで、作品の読みが変わってくると思います。また、教科書に紹介されている写真はどれもすばらしいものです。本文だけを問題にするのではなく、写真も本文と合わせて読み味わうとよいでしょう。

◇五感を使って森へ入る仮想体験をする

この作品は、大きく三つの部分に分けることができます。一つ目は、森の入江でカヤックをこいでいる場面から森に上陸する場面までです。

〈朝の海は、深いきりに包まれ、静まりかえっていました。聞こえるのは、カヤックのオールが水を切る音だけです〉

書き出しから〈原生林の世界〉に引き込まれます。語り手の〈ぼく〉が森を進むにしたがって五感に感じることをそのまま表現しています。静かな、動かない淡い世界の中でかすかな音、わずかな風の動き、現れてはいつの間にか消えているぼんやりとした風景は、すべての感覚を研ぎ澄まさなければ感じられないほどです。この世界は、不思議さ、あやしさ、不安をともないながら読者を引き込んでいきます。音は聞こえてもその姿は見えません。〈そのときです、不思議な声がきりの中から聞こえてきたのは〉〈突然、きりの中からすうっと巨大な黒いかげが現れ〉、やがて〈ゆっくりときりの中に消えてゆき〉ます。ふいに、まいあがったハクトウワシは、〈ぼく〉を〈じっと見ていたのです〉と、気がつかない視線もあります。読者は、緊張しながらいつの間にか〈原生林の世界〉にいるような感じになっていきます。巧みな表現は臨場感を生み出し、読者を〈原生林の世界〉に引き込んでくれます。

こうした臨場感を生み出すことができた要因の一つは、効果的な**声喩**（一般に擬態語・擬声語と呼ばれていますが、その違いを明確に線引きできませんから、それらを合わせて西郷文芸学では声喩とします。）が使われていることです。ハクトウワシやザトウクジラなどの動物が発する音や〈白い太陽が、ぼうっと現れては〉〈ぼんやり見えています。〉〈しっとりとぬらしました。〉〈すうっと巨大な黒いかげが現れ〉などの声喩によって臨場感が高まります。写真と合わせて〈原生林の世界〉に入っているような仮想体験をじっくりと味わいたいところです。

しかし、それだけに終わらせてはいけません。筆者が、なぜ五感に感じる表現を多く使っているのかを考えさせる必要があります。五感を使う表現が多い理由は、語り手の〈ぼく〉の心情を読者に体験させるためではないでしょうか。人間の足跡がないような未開の地に入ることは、これまで数多くの体験をしてきた者でも怖さ・不安があります。それ以上に期待と喜びがあるかもしれません。だからこそ、自分の周りにある風景や生き物などの動き、空気の動きなどに五感を張り巡らせすべてをとらえようとするのです。ここに描かれた大自然の様子・風景は、〈ぼく〉の心情を反映した情景であることに気づかなければなりません。語り手の〈ぼく〉の心の動きを情景描写からとらえることが大切です。

◇森の生き物になって森の世界を体験する

二つ目は、〈ぼく〉が森へ上陸してからサケがいる川を離れるまでです。

〈森は、おおいかぶさるようにせまっていました。見上げるような巨木や、その間にびっしりとおいしげる樹林が、ぼくがこの森に入ることをこばんでいるようでした〉。

前の場面の終わりには、このように〈ぼく〉と森の関係を表す心情が書かれています。森は、〈ぼく〉が入ることをこばんでいるように思えるのですから、怖さや不安なしには接することができない世界なのです。この場面のはじめにも〈ここは、人の住む場所とは遠くはなれた世界です〉と、〈ぼく〉は考えています。

〈森に足をふみ入れると、辺りは、夕暮れのように暗くなりました〉という表現は、森の様子を描いていますが、同時に〈ぼく〉の怖さ・不安の心情を表す情景描写にもなっています。次の〈目が慣れてくると、森の姿が見え始めました〉とあるのは、表現された内容のまま読んでいいのですが、次第に森に受け入れられてきた心情を表しているとも読めます。

草のしげみが割れたところがクマの道とわかっても、〈気持ちが落ち着くと、少し勇気が出てきました。ぼくはクマの道をたどり、森に入ってゆくことに決めました〉とあり、森に逆らわずにあるがままの森をそのまま受け入れようとしています。

〈辺りをゆっくりと見わたし、小さな音にも耳をそばだてて歩いていると、だんだん不思議な気持ちになってきました。いつのまにか、まるで、自分がクマの目になって、この森をながめているみたいなのです〉、〈心が静まるにつれ、森は、少しずつぼくにやさしくなってくるようでした〉、〈今度は、森のリスになったような気分で、倒木の上を歩きました〉。

このような表現で、自分が森に近づき、さらには自分を森の生き物に変えていくことで森が自分を受け入れてくれていることを感じます。

〈いったいだれが来たのだろう〉〈急に胸がどきどきしてきました〉〈あれは、いったいなんなのだろう〉〈なんだろうと思って近づくと〉といった読者の興味・関心を起こさせる**仕掛**のあるところがたくさんあります。そのため、読者も語り手の〈ぼく〉と同じように森を体験していけるのです。

一つ目の場面では、〈ぼく〉は、森に対して警戒しながらやや離れた**視点**から見ていました。ここでは、〈ぼく〉は、森と一体化しながら自然を語るようになります。自分が森の生き物になって森の世界を体験していくというあたりが、通常の説明文とはジャンルを異にします。言いかえれば、文芸的な表現をとった文章になっていると言えます。説明的な文章と文芸的な文章の中間的なジャンルになっているのです。

森と一体化していく気持ちを書く一方、科学的な目配りをしています。

〈木々やコケ、そして岩や倒木までが、たがいにからみながら助け合い、森全体が、一つの生き物のように呼吸しているようでした〉

ここでは、生き物だけの連鎖ではなく「岩」など生物でないものも一体になった生の絡み合い、つまりディープエコロジーの思想が表現に生かされています。

ふんの中からのびる白いキノコ、古い動物の骨の周りにさく花々に目を向け、〈厳しい自然では、わずかな栄養分もむだにはならないのです〉と**意味づける**筆者の科学的な目は感動的です。

◇倒木を通して森の歴史を体験する

三つ目は、巨木の物語の場面です。

〈不思議な光景に出会いました。〉と読者を引き込むよう仕掛ます。〈地面に横たわる古い倒木の上から、巨木が一列に並んでのびているのです〉。人間の手が入っていない自然の中で直線になっている物はめったにない不思議な風景なのです。〈それは、きっとこんな物語があったのでしょう〉と興味をもたせるように物語を語り、最後に科学的な意味づけをしていきます。

〈それでやっと分かりました。森の中でときどき見かけた、根が足のように生えた不思議な姿の木のことです〉と述べ、〈根の間に空いていた穴、それは、栄養をあたえつくして消えた倒木のあとだったのです〉と科学的に理由づけています。この文章は、六四頁の〈ときどき、気味の悪い大木を見かけました。まるで、足で立っているように根が生え、その間に大きな穴が空いているのです。あれは、いったいなんなのだろう〉を受けた回答です。筆者は、この不思議さをここでいきなり解明したのではありません。〈すでに一生を終えたサケが、たくさん流れてきて〉いる〈「サケが森を作る。」……産卵を終えて死んだ無数のサケが、上流から下流へと流されながら、森の自然に栄養をあたえてゆくからなのです〉と先に**連鎖・連環**の考え方を示すことによって読者に納得させるような書き方をしています。はじめにあった疑問を、別の例から連環という考え方**（認識の方法）**を示し、最初の疑問を連環という認識の方法を使って解明するという書き方をしています。

読者は森の世界を体験しながら森の秘密を理解していくことができます。さらに、はじめは〈気味の悪い〉・怖いと思えた穴の空いた巨木が、ここでは感動と深い尊敬・敬けんの気持ちに変わっています。ですから、〈ぼくはこけむした倒木にすわり、そっと幹をなでてみました〉ということになるのです。

語り手の〈ぼく〉は、〈森のこわさは、すっかり消えていました〉とはっきりと言っています。それは、〈ぼく〉は、森と一体になるために自分の方を変えることで森の物語を紐解いたとき、森を恐れ、怖がることがなくなったからです。

〈じっと見つめ、耳をすませば、森はさまざまな物語を聞かせてくれるようでした〉にある〈物語〉とは「歴史」という言葉に置き換えることができます。過去の歴史は今その姿も見えず音も聞こえません。それでも、連鎖・連環という考え方（認識の方法）でしっかり見つめれば、森は〈さまざまな物語を聞かせてくれる〉のです。さらに、未来の物語も聞かせてくれるのです。そのことを〈ぼくの目には見えないけれど、森はゆっくりと動いているのでした〉と最後に書いて文章を閉じています。読者も〈じっと見つめ、耳をすませ〉て読んでいけば、過去・現在・未来へと流れる森の歴史を体験し認識することができるのではないでしょうか。

（この項は、旧『指導ハンドブック高学年』所収の「森へ」に加筆しました。／鎌田嗣）

❽「河鹿の屏風」（岸　なみ）

◇よみきかせの工夫

「河鹿の屏風」という題名を聞いたとき、今の小学生の多くは「河鹿」とは何かを知らないと思います。しかし、ここですぐに説明するより「河鹿は後から出て来るから、どんなものかわかるから、しっかり聞いてね。」と興味づけて読み進めるやり方が効果的でしょう。その場合、話の中に「河鹿」が出たとき、七四・七五頁の挿絵を使うなりして、説明するようにしたらいいと思います。

次に教材のとらえ方を見ていきたいと思います。

◇視点をふまえた読み

話者は**外の目**から〈菊三郎〉のことを語ったり、**視点人物**である〈菊三郎〉に寄りそって**内の目**で語ったりします。ですから読者は、菊三郎という人物の様子も気持ちもわかりながら読み進めることになります。話者が視点人物に寄りそって語る場合、そこに描かれているのは話者の目と心に映った世界です。ですから、読者は話者の体験したことを我がことのように感じながら**（同化体験）**読むのでこの不思議な体験を受け入れやすくなるのです。同時に菊三郎を《外の目》で**異化体験**しながら読むことになります。

◇人物の条件

文芸作品において、重要になるのは登場人物の**人物像**（どんな人物か）です。視点人物の菊三郎は〈代々続く家のあるじ〉で〈悪気はないがなまけ者〉です。〈のらりくらりと遊び暮らしたあげくに、山林や田畑をおおかた売りつくし〉〈それでも、まあだ借金が残るという始末〉という**条件**をもった人物です。

◇なぜ見事に家を再興できたのか

そのようななまけ者で、財産を売りつくしそれでもまだ借金が残っている菊三郎が、どうして〈生まれ変わったような、働き者〉に変身し、〈見事に家を再興〉できたのでしょうか。おそらく読者は、「河鹿の老人の願いを聞いたので、そのお礼にもらった屏風のおかげでがんばれた。」と答えるのではないでしょうか。確かにそうとも言えそうです。でも、本当にそうなのでしょうか。

そもそも夢の中で誰かにものを頼まれて、それをそのとおり実行し続けることができるものでしょうか。ましてや菊三郎は〈なまけもの〉で財産を〈おおかた売りつくし〉てきた人物です。そんな人物が都合よく働き者となると考えるのは短絡的な思考であり、徳目道徳的な考えです。これで終われば、子どもたちの思考力を深めることにはならないでしょう。

◇菊三郎の人物像

ここで問題にすべきは菊三郎の人物像です。彼はただのなまけ者ではなく、〈悪気はないがなまけ者〉なのです。〈悪気はない〉というのはどういうことでしょう。それは、誰かを出し抜いたり陥れたりして自分だけ得をすることがないということでしょう。また、〈のらりくらり〉という**声喩**からもなまけ者ではあるがどこかのんびりした優しい人柄を感じます。

また、彼には代々受け継いだ財産がありました。働かなくとも生きていける**条件**があったのです。だから彼は売るものがある間はなまけていられたし、〈のらりくらりと遊び暮らし〉てきた結果、とうとう最後の財産である〈山の木や土地〉を売るために見積もりをしなければならなくなっていたのです。山を下見したとき見た夢の中に老人が出てきます。この夢は彼にとって非常にリアルに感じられます。ここは、話者が菊三郎の側から語っているところです。

〈なるほど〉というところにカギかっこがないのは、話者の言葉である地の文が人物の言葉として出てきていると考えていいでしょう。（これは作者の意図的な文体です。）ですから読者は菊三郎を**外の目（異化）**で見るのではなく、むしろ**内の目（同化）**で読むこととなり、結果としてこの夢を違和感なく受け入れることになります。

老人の言葉は、〈悪気はないがなまけ者〉の菊三郎にどのように受け止められたでしょう。先祖代々受け継いできた品物を売り払い生きてきたのは、他ならぬ菊三郎自身です。そして今、最後の財産であるこの土地さえも売り払おうとしているとき、この〈生々しい〉夢を見たのです。たくさんの河鹿が生き続けていくための老人の願いを受け入れようと考えたのは、おそらく菊三郎が悪気のない人物であるがゆえに、自分の行為が他者を苦しめることになることを知ったことで、山を売ることが自分だけの問題ではないことに気づいたからではないでしょうか。だからこそ、ここではじめて〈先祖から受け継いだ山や谷を……初めてすまないと思うように〉なったのでしょう。

◇河鹿の屏風の意味するもの

山や谷を守るため、残りの売り物になるものをすべて売った菊三郎に残ったのは、こればかりは〈売り物にもならぬ白い枕屏風〉だけでした。白い枕屏風は、何も絵や字を書いていない換金価値がまったくないものです。ところが、これに〈見るものの心に不思議な感動をそそる見事な絵が描かれ、それを高額で買い取りたいと申し出る者も出てくることになります。しかし、菊三郎は〈何を思うところあってか〉〈一代の家宝じゃ〉と言って手放しません。そして〈生まれ変わったような、働き者〉になるのです。これまでほとんどの財産を売り払ってきた菊三郎が、なぜ河鹿の屏風は売り払わなかったのでしょうか。

菊三郎が先祖代々の財産を売り払ってしまったのは、〈悪気はないがなまけ者〉という人物の条件があっただけではありません。彼がなまけていられるだけの財産があったという条件があったからです。生活にゆとりなく困窮していれば、なまけてばかりではここまで生きて来られなかったに違いないのです。一見プラスに思える豊富な財産という条件が、〈なまけ者〉を生み、破産することになってしまったのです。

いつの間にか描かれた河鹿の絵は高額で売れる換金価値のあるものです。しかし、自分が働いて生み出した価値ではありません。先祖が残してきた財産と変わりません。ですから、これを売り大金を手にすれば、これまでと同じ〈なまけ者〉になってしまいます。そればかりか、子孫も〈なまけ者〉になってしまうことになります。そして、いつかまたこの山さえも売り払ってしまう子孫が出現するかもしれません。山も荒れ、谷に住む河鹿たちは生きられなくなってしまいます。山を残し、こつこつと働けばいつまでも生きていくことができます。河鹿たちもいつまでも生きていくことができるのです。

菊三郎が死んだ後、この屏風の絵も〈年ごとにうすれていって、とうとう消えてしまった〉のです。河鹿の屏風は、子孫になまけ者をつくるような財産にならないように、〈一代の家宝〉として消えていったのです。

（石野訓利）

⑨ようこそ、私たちの町へ

「事物のよさを多くの人に伝えるための文章を書く」言語活動単元で、教科書では「町のよさを伝えるパンフレットを作る」編集活動が例示されています。米国で開発されたブレーンストーミングの手法で構想を練ることも紹介されています。本の推薦や新聞編集など、今までの学習の積み重ねを生かした活動ができるでしょう。

（上西信夫）

⑩「せんねん　まんねん」（まど・みちお）

◇いったい何が〈ながい　みじかい〉のか

まど・みちおがとりあげる詩の題材は身のまわりにある、ありふれたものがほとんどです。しかし、それらの詩から宇宙の神秘、自然の摂理、命のかがやきを私たちに発見させてくれます。ここにとりあげる詩〈せんねん　まんねん〉は難しい漢字は一つもなく、一度読めばある程度わかる内容です。ところが、後連のあとの方に出てくる〈ながいみじかい　せんねんまんねん〉という意味がわかるようでわかりません。〈せんねんまんねん〉とは長い、長い月日が経っているということですから〈ながい　せんねんまんねん〉だったら、読者にも語り手が語っていることはよくわかります。しかし、〈ながいみじかい　せんねんまんねん〉となると何が〈なが〉くて、何が〈みじかい〉のだろうという疑問が残ります。

◇人がやって来る前と後では

〈ながいみじかい　せんねんまんねん〉の意味を見いだすために、前連と後連を比べてみましょう。前連の〈いつかのっぽのヤシの木になるために〉からはじまり、〈そのワニを川がのむ〉までは後連にもくり返されています。そこで終わりではなく、また、その後も同じようにくり返されることがイメージされます。それが〈はるなつあきふゆ　はるなつあきふゆ〉と毎年のようにくり返され、〈せんねんまんねん〉と続きます。前連と後連のイメージは同じ現象がくり返されていることです。

後連には〈まだ人がやって来なかったころの〉とありますので、言葉どおり読めば、くり返されることは、〈人〉がいないときの出来事と読めます。しかし、そう書かれていても読者には、〈人〉のイメージが残ります。ですから、〈人〉がやって来てからはどうなのだろうと考えるのではないでしょうか。またそう読めば、深くおもしろく読むことができます。

◇〈ながいみじかい〉を意味づける

〈まだ人がやって来なかったころの〉、つまり〈人〉がいなかったときには、どんな生き物も、このような現象のくり返しを**意味づけ**することはできませんでした。しかし、〈人〉がやって来てからは、この現象をさまざまに意味づけることができるようになります。前連を読んだとき、六年生の読者ともなると、ここに書かれていることは食物連鎖のつながりではないかな、生き物や水のつながりではないかなと意味づけるのではないでしょうか。〈人〉はこのように意味づけることができるのです。

〈まだ人がやって来なかったころ〉には、生き物などが生み出す現象が、〈ながい〉か〈みじかい〉かは関係のないことです。ただ現象があるだけです。〈ながい〉か〈みじかい〉かを考えることは、意味づけることです。〈人〉だけが、このくり返される現象をさまざまに意味づけることができるのです。この〈せんねんまんねん〉くり返される事実を〈ながい〉と意味づけることも〈みじかい〉と意味づけることもできるのです。

〈いつかのっぽのヤシの木になるために〉は、〈ミミズ〉や〈ヘビ〉、そして〈ワニ〉、〈川〉など生き物や自然がつながりあって、〈ながい〉年月をかけて生長していると考えることもできます。逆に、宇宙の時間で見れば、ほんの〈みじかい〉時間だと考えることもできます。〈せんねんまんねん〉は、〈ながい時間でもあり、みじかい〉時間でもあるのです。〈人〉は、どちらにでも意味づけることができるのです。どちらか一方ではないから、〈ながいみじかい〉なのです。

◇さまざまな意味づけを

この詩を読んで、ある人は、生き物は食物連鎖でつながっていると意味づけるかもしれません。また、命のつながりと意味づけるかもしれません。生き物は、生き物どうしだけで関わりをもつのではなく、〈清水〉つまり水、それが集まった川、そして〈地べた〉・土とも、空気などとも関係していると意味づけることもできます。〈清水〉が〈ヤシのみの中で眠る〉とか〈その眠りが夢でいっぱいになると〉といった表現で、この現象を比喩的に意味づけることもできます。

◇たくさんの意味づけをさせよう

人間が花のいのちの美しさや尊さを感じることができるのは、人間のいのちのふれあいがあってはじめて可能になります。命のかけがえなさということも、人間の意味づけによって、そう思うことができるのです。意味づけがなければ、ただ現象があるだけです。

人はさまざまな現象を感じ取るだけでなく、意味づけることが必要です。六年生の子どもたちに、この詩からたくさんの意味づけをさせてほしいと思います。言葉を学び、科学を学び、文芸などの芸術を学ぶのは、自然や社会を豊かに深く意味づけるためです。

（大柿勝彦）

【参考文献】『全集1巻』（恒文社）

⓫ たのしみは

◇同じ形式の短歌を使って

短歌をつくるための単元です。意欲喚起（鑑賞）のための橘曙覧《たちばなのあけみ》の短歌は、すべて、〈たのしみは〉で始まり〈時〉で結ばれているものです。題材は違いますが、同じ形式の作品が並んでいます。そして、この形式をそのまま使って短歌をつくるように指示しています。はじめて短歌をつくる子どもたちにとっては、型どおりにつくればいいわけですから書きやすいのではないかと思います。しかし、型どおりにつくることは個性的な思いが伝わりにくくなる弱点もあります。また、「たのしみは」というテーマでは、生活の中から取材するというよりも、空想的なものになりがちです。ですから、八九頁の〈①短歌にしたい場面を決めよう〉で紹介している取材を十分に行うことが必要です。取材では、これまで自分が体験した感動とつなげて、〈たのしみ〉の内容を見つけさせるようにしてはどうでしょうか。

ただ、はじめてつくる短歌ですから、何はともあれつくってみて、短歌をつくるための意欲づけにしようというのであれば、それはそれで意味はあると思います。しかし、これで終わってしまったのであれば、あまり意味はありません。その後の指導が大切です。先に述べたように自分の生活の中で体験した感動を作品にし、さらには型にはまらないさまざまな表現を工夫できるようにしたいものです。作品をつくるためには、子どもにわかりやすい、そして優れた

（おもしろい）作品を紹介することが役に立ちます。

（藤井和壽）

⓬未来がよりよくあるために

現在の社会や自然環境、身の回りのことなどに目を向けて、情報を集め、整理し、意見を聞きあい、自分の考えが説得力をもつように意見文を書く言語活動です。九九頁の「たいせつ」にある「①『はじめ』と『おわり』に自分の意見を書く。②実際にあったことや、それらの記録（具体例・引用など）と、自分の考えを区別して書く。③異なる考えや反論を取り上げ、それに対する自分の考えも入れる。」などは、**説得の論法**として大切な視点です。

ノーベル平和賞を受賞したパキスタンの少女・マララ＝ユスフザイさんの国連演説や『ランドセル俳人の五・七・五』（小林凛・ブックマン社）、『綾瀬はるか「戦争」を聞く』（ＴＢＳテレビＮＥＷＳ23取材班編・岩波ジュニア新書）、『わたしが正義について語るなら』（やなせたかし・ポプラ新書）などを紹介して、人権や平和、いじめ、貧困……など現在的な課題に向き合わせたいものです。

（上西信夫）

⑬「平和のとりでを築く」（大牟田　稔）

「未来がよりよくあるために」という意見文を書く単元の中に、「資料」として掲載されています。この文章は、「原爆ドーム」を通して平和を考えようとしたものです。

◇「原爆ドーム」とはどんな建物か

いわゆる「原爆ドーム」と呼ばれている建物は、どのような役割や意味・価値をもっているのでしょう。「平和のとりでを築く」の記述に沿って整理してみましょう。

①戦争前……市民に親しまれていた建物

ヨーロッパ出身の若い建築家が設計したもので、物産陳列館（産業奨励館）と呼ばれ、小学生たちの絵や書の作品展の会場で、市民に親しまれた建物でした。近くの川では、荷物を運ぶ小船が行きかい、子どもたちが水遊びや水泳を楽しむ所にありました。

②戦争中、戦争後……原爆被害を受けた建物

ほぼ真上の上空で原爆が爆発したためたちまち炎上し、中にいた人々は全員なくなりました。レンガと鉄骨の一部が残った建物は、原爆のむごたらしいありさまを伝え、戦争被害を強く訴える建物でした。保存するか、とり壊すかの論議が行われました。

③戦争後から現在……平和を築き、戦争をいましめるための建物

保存が決まり、補修され、世界遺産に指定されます。その結果「原爆ドーム」は、恐るべき原爆のことを後世に訴えかけてくれる建物、未来の世界で核兵器を二度と使ってはいけないと訴える建物、核兵器はむしろ不必要だと世界の人々に警告する記念碑、見る人の心に平和のとりでを築くための世界の遺産という役割や意味をもつことになりました。

◇世界遺産になるまでにどのような考えがあったのか

③のような役割や意味・価値をもつようになるには、長い年月と多くの論議が必要でした。まず、保存の賛否の論議でした。保存するという意見がある一方、保存反対論の中には、〈むごたらしいありさまを思い出すので〉という意見がありました。保存するためには思い出したくないという思いをもった原爆被爆者への説得・論議が当然あったでしょう。その中で保存の流れをつくったのは、一少女の日記がきっかけであったと書かれています。原爆の被害は、その瞬間だけがむごたらしいのではなく、それから十数年後に放射線が原因で亡くなったという被爆後も続くむごたらしい事実があったことです。そして、日記に〈あの痛々しい産業奨励館だけが、いつまでも、おそるべき原爆のことを後世にうったえかけてくれるだろう……、と書かれていた〉というのです。この日記も含めたくさんの思い、意見、論議を通して人々の意見がまとまっていったのだと思います。

世界遺産の候補として審査を受ける際、筆者が不安に思った一番目は、〈原爆ドームが、戦

争の被害を強調する遺跡であること〉です。なぜそれが不安だったのでしょう。過去の戦争被害だけを強調したら、日本の戦争加害の面が薄められ、世界の支持を得ることができないと考えたのでしょう。特に日本から被害を受けた国々やアメリカなど対戦国などの人々には、未だ原爆投下を正当化する考えがあります。それを乗り越えて世界遺産になったのは、世界の人々に説得力をもつ論議ができたからだと思います。それは次のような文からもわかります。

〈痛ましい姿の原爆ドームは、原子爆弾が人間や都市にどんな惨害をもたらすかをわたしたちに無言で告げている〉〈未来の世界で核兵器を二度とつかってはいけない、いや、核兵器はむしろ不必要だと、世界の人々に警告する記念碑なのである〉

この中には、しっかり未来を見すえた、世界の人々に共通する願い、考えがあります。こうした訴えが説得力をもち世界遺産として認められることになったのではないでしょうか。

◇授業でどのような話し合いをすればいいのか

この資料を使った授業では、保存賛成の意見と〈むごたらしいありさまを思い出すので〉という保存反対の意見で論議させる場合でも、ディベートで相手をやりこめるような論議ではなく、両方の意見を高め合えるようなものにしなくてはいけないと思います。

また、原爆ドームが〈戦争の被害を強調する遺跡であること〉に異論をもつ者はいないでしょう。しかし、当たり前のことに思われることでも、それがそうでないこともあります。当たり前と思ったことでも、立場を変えれば、違った考えになることがあります。そのようなことに気づくことも大切です。反対の考えでも練り合い、両方を生かしたより高い考えを見つけ出すことが話し合いです。話し合いでは、相手の立場を理解し、考えを尊重することが大切です。そのようなことが学べる授業でありたいものです。

（藤井和壽）

⑭「やまなし」（宮沢賢治）

◇宮沢賢治にとっての「青」

「やまなし」はもう長く教科書に出ている教材ですから、みなさんもこの教材についての教材研究や実践記録など、一つ二つは読まれていると思います。

〈小さな谷川を写した、二枚の青い幻灯です〉という言葉で始まり、「五月」「十二月」という二つの場面があり、最後を〈私の幻灯は、これでおしまいであります〉でくるという構成になっています。

「やまなし」は、「青い幻灯で写し出された世界」なのです。ここで「青い幻灯」は、特別な意味をもって使われています。賢治には世界のさまざまな現象が「青い光」によって写し出され、そこに世界のあるべき姿――本質が写し出されるといった発想があります。他の作品でも、「青」という色彩が大事な意味をもって使われていることがわかります。もちろん、作品の世界には赤や黒も出てきますが、「青」には、賢治の世界の**象徴**とも言えるほど大事な意味があります。

賢治は、「私は、ひとりの修羅なのだ」と言っています。「修羅」というのは、仏にもなれない鬼畜にもなれない、その中間にあって**矛盾**をかかえて生きている姿です。色で言えば「青黒」になります。「青」という救いの色と「黒」という地獄へ落ちていく死のイメージをもった色、つまり二つの色が矛盾をもって一つになっていることを「修羅」と言っています。「青黒い修羅なのだ」という言い方もしています。このように、色彩に深い意味がこめられているのが賢治の作品です。

ですから、〈青い幻灯です〉というさりげない言葉にも意味があります。そんな〈青い幻灯〉で照らし出された世界であることを頭において読んでいただきたいと思います。

教科書のさし絵（抽象的なものになっています）が青い、青黒い、青白い……といった感じの色を選んでいるのも、そのためです。「黒」は死の影、「赤」は業、苦しみ、病といった苦悩を表している場合が多いのです。このような色彩観が、この作品世界の中にあります。

◇鉱物質を使う独特の「異質な比喩」

さて、青白い水の底で、〈「クラムボンは　笑ったよ。」〉とあります。〈クラムボン〉というのは作者のつくった言葉です。何をさしているのか、意味はわかりません。でも、〈笑った〉とか〈はねた〉とかいうところをみると、何か生きものであるらしいことは想像できます。カタカナで書かれて、クラム・ボンというはずみのある名前です。そして、笑うものでも〈かぷ

かぷ〉笑う、〈はねて〉笑うものです。何かそのような生きもののイメージを描いてくだされ
ばいいと思います。

〈上の方や横の方は〉とあり、〈なめらかな天井〉という比喩が使われています。ですから、話者は水の底にいて、子がにたちと同じ目の位置からこの世界を見て語っています。下から見るので、水面が〈天井〉ということになるのです。

話者は水底から見た世界を〈青く黒く鋼のよう〉とたとえています。水の色を金属質の鋼でたとえているところに、賢治の比喩の独自性があります。それを**異質な比喩**と、西郷は名づけています。他にも水のあわが〈水銀のように光って〉いる、〈銀の色の腹〉〈日光の黄金〉〈あわや小さなごみからは、まっすぐなかげの棒が〉〈鉄色に変に底光りして〉〈ぎらぎらする鉄砲玉のような〉〈コンパスのように黒くとがっている〉のように鉱物質の比喩が多く使われています。「十二月」の場面で、〈水晶のつぶや金雲母のかけら〉は実際の鉱物ですが、月の光を〈ラムネのびんの月光〉と、ラムネのびんにたとえています。そして、〈波が青白い火を燃やしたり消したりしているよう〉と、水と火でたとえています。こういう「異質な比喩」が非常に多くあります。お父さんのかにが目をのばしている様子を〈遠眼鏡のような両方の目〉とたとえ、最後のところでは、天井の波は〈いよいよ青白いほのおをゆらゆらと上げ〉、それが〈金剛石の粉をはいているよう〉だと、また「異質の比喩」が使われています。このように、比喩表現だけとりあげても、独特な、異質なものになっています。

◇現象は見える —— しかしその根源は？

この作品世界は、水の上から水の底をのぞきこんだのではなく、水の中に**視点**があり、そこから眺められている世界です。

〈笑ったよ〉〈かぷかぷ笑ったよ〉〈はねて笑ったよ〉〈かぷかぷ笑ったよ〉と、明るい笑いのイメージがくり返し出てきます。賢治の世界の中では、「なぜ」とか「知らない」という言葉がくり返されます。そして、〈「なぜクラムボンは　笑ったの。」「知らない。」〉とあります。賢治の世界の中では、「なぜ」とか「知らない」という言葉がくり返されます。その後に〈「クラムボンは　死んだよ。」「クラムボンは　殺されたよ。」「クラムボンは死んでしまったよ……。」「殺されたよ。」〉と死のイメージがくり返されます。明るいイメージから、死のイメージへといきなり変わっていきます。そしてまた〈「……殺された。」〉という問いかけに対して〈「分からない。」〉と答えます。ここにも「なぜ」「知らない」という言葉がくり返されています。

賢治の世界は、イメージが読者の目に映るような、非常に細かいところまで描かれています。たとえば、あわつぶが〈水銀のように光って、ななめに上の方へ上がっていきました〉と表現しています。水がゆるやかに流れていますから、あわは斜めに上へ上がっていきます。このように、非常に描写が細やかです。〈光のあみが、底の白い岩の上で、美しくゆらゆらのびたり縮んだりしました。あわや小さなごみからは、まっすぐなかげの棒が、ななめに水の中に並んで立ちました〉という描写も、たいへん鮮やかで、細やかで、はっきりしています。

このように、現象はまざまざと鮮明に見えるけれども、現象の奥に「なぜなのか」と問うても答えられない問題がでてきます。「笑ってる。」と答えているけれども、では「なぜ笑うのか。」と聞かれても、わけを答えることができません。人間には死はつきものですが、なぜ死ぬかという根源的な問いに対しては、同じようになかなか答えることはできません。

イメージは非常に激しく移り、動き、変わっていきます。笑いのイメージが、死のイメージへと。そしてまた、にわかにぱっと明るくなります。〈にわかに〉〈急に〉〈いきなり〉〈ぱっと〉という言葉があり、イメージが急変します。魚が〈今度はゆっくり落ち着いて、ひれも尾も動かさず、ただ、水にだけ流されながら、お口を輪のように円くしてやって来ました。そのかげは、黒く静かに底の光るあみの上をすべりました〉というところは、とてもゆるやかな動きです。ところが、〈「お魚は……。」〉と言いかけて、〈にわかに天井に白いあわが立って……いきなり〉何かが飛びこんでくるというように、〈にわかに〉〈いきなり〉という言葉が出てきて、イメージが急変します。この作品には、このようなイメージの特徴があります。

その前に、お魚について〈「お魚は、なぜああ行ったり来たりするの。」〉と〈なぜ〉と聞いています。〈「何か悪いことをしているんだよ。取っているんだよ。」〉という答えに、重ねて〈「取ってるの。」〉と言うと〈「うん。」〉と答えはするけど、何かはっきりしません。〈何か悪いこと〉と〈何か〉という形でしか言えません。こんなやりとりがくり返しなされています。イメージの急変と、その根源を何か一歩つっこんで問いかけると、その問いに対する答えは不明であることがくり返されています。ちょうど、ベートーヴェンの「月光」の曲でも聴いているような、あるときは緩やかに、あるときは暗く、またあるときは急に明るくと非常にイメージが移り、動き、変わっていきます。だから、それを追うことで、たいへんおもしろく読むことができるのです。

◇不気味だが、どこかおかしいイメージ

さて、この作品のもう一つの特徴は**イメージの二重性**です。たとえば、〈兄さんのかには、その右側の四本の足の中の二本を、弟の平べったい頭にのせながら言いました〉の二行には、二つのイメージが同時にあります。一つは〈死んだ〉〈殺された〉〈死んでしまった〉〈殺された〉〈なぜ殺された〉というやりとりからくる不気味でおそろしいイメージです。それと同時に、〈その右側の四本の足の中二本〉という兄さんのしぐさは、もってまわった、しらじらしい言い方になっています。それを〈弟の平べったい頭にのせ〉るという表現には、何となくおかしみがあります。マンガ的な感じがします。これも異質的なものを同時にもっている表現です。

魚のイメージもそうです。〈そのお魚が、また上からもどってきました。今度はゆっくり落ち着いて、ひれも尾も動かさず、ただ水にだけ流されながら、お口を輪のように円くしてやって来ました。そのかげは、黒く静かに底の光のあみの上をすべりました〉というところは、何か不気味な感じがあります。魚が頭の上を〈つうと銀の色の腹をひるがえして〉過ぎていくと、クラムボンが死んだ、殺された、ということが起きます。また、〈そこらじゅうの黄金の光をまるっきりくちゃくちゃにして、おまけに自分は鉄色に変に底光りして、また上の方へ上

がりました〉という魚には「死」や「殺す」というものにつながる不気味なイメージがあります。そんな魚が〈ゆっくり落ち着いて、ひれも尾も動かさず〉じっとしていて、〈そのかげは、黒く静かに底の光のあみの上をすべ〉るのですから、不気味なおそろしいイメージがあります。

しかし、何となくのんびりした、おだやかな感じもします。「魚」と言わずに〈お魚〉〈お口を輪のように円くして……〉という言い方は、ちょうど幼い子がにの視角から語っていますから、多分におそろしさとは反対の、お人好しな、のんびりしたイメージも与えるのです。ここにも、**異質なイメージが二重になって**表現されています。

◇五月――明るさの裏の血なまぐささ

そんな世界に、かわせみが飛びこんできます。もちろん、子がにたちはかわせみを知りませんから、何か〈ぎらぎらする鉄ぽうだまのようなもの〉〈先が、コンパスのように黒くとがっている〉という表現になっています。〈鉄ぽうだま〉には死と結びつく危険なイメージがあります。〈コンパスのように黒くとがっている〉も、何かにつきささってくる危険な感じがあります。

ここには、魚がかわせみに捕って食われたということが書かれていますが、話者は子がにと同じ**視点**から語っていますから、〈それっきりもう青いものも魚の形も見えず〉と、「見えなくなる」という語り方をしています。水面の外へ出てしまって、中にいる子がにたちの世界からは、見えなくなります。そういう状況の中で〈二ひきはまるで声も出ず、居すくまってしま〉

う、〈ぶるぶるふるえ〉るおそろしい経験をします。お父さんから、〈「かわせみというんだ。だいじょうぶだ、安心しろ。おれたちにはかまわないんだから。」〉となだめられます。そう言っているところに、白いかばの花びらが、〈天井〉〈水面〉をたくさんすべってきます。

この「五月」の場面は、ものみな生き生きと生まれ育つ、青春というべき季節の世界で、弱肉強食の血なまぐさいことが引き起こされています。これは昼間です。五月の明るい真っ昼間の静かな川底で一瞬にして一つの生命が消える、そんなことが引き起こされる世界です。

◇十二月——実りと恵みの世界と賢治の祈り

十二月はものみな枯れ果てた凋落のときです。しかし、青白い月の光のさし通る川底では、かにの子どもたちはあどけなく、どっちのあわが大きいか比べっこしています。そこへいきなり、〈トブン。／黒い丸い大きなものが、天井から落ちて〉きます。それは、おそろしいかわせみではなく、いいにおいのするやまなしの実です。そのやまなしのいいにおいがいっぱいそのあたりに漂います。そこへ、月の光がさし、〈水はサラサラ鳴り、天井の波はいよいよ青いほのおを上げ〉と、非常に美しい世界になります。まもなくそのやまなしもすっかり熟れて、おいしいお酒になります。つまり、「十二月」はすべてのものが枯れ果ててしまう中に、逆に、実り・恵みがもたされる世界になっていると言ってもいいでしょう。

「十二月」を「五月」と関連させますと、「十二月」には、食う、食われるの弱肉強食の掟が支配している世界ではなく、月の光のさす、美しい、実り豊かな、かぐわしい世界であってほしいという祈りがあります。賢治の文学は「祈りの文学」と言われます。祈りによってどのような世界を願い、祈念しているかと言えば、「十二月」の場面がその典型だと言えましょう。

この作品については詳細な研究がなされています。西郷竹彦著『増補　宮沢賢治「やまなし」の世界』、『宮沢賢治「二相ゆらぎ」の世界』（黎明書房）をぜひ参考にしてください。

◇「やまなし」のつづけよみ

宮沢賢治の考え方、生き方は次の「イーハトーヴの夢」（畑山博）に詳しく書かれています。さらに、考え方を深く知るためには、宮沢賢治の他の作品の「つづけよみ」をさせてください。宮沢賢治の作品はいずれも短いものですが、それぞれに深い哲学がちりばめられています。「やまなし」以外にも「雪わたり」「気のいい火山弾」「注文の多い料理店」「よだかの星」「水仙月の四日」などは「つづけよみ」をしたい作品です。

（西郷竹彦）

【参考文献】
『増補　宮沢賢治「やまなし」の世界』（西郷竹彦著・黎明書房）
『宮沢賢治「二相ゆらぎ」の世界』（西郷竹彦著・黎明書房）
『文芸研の授業①文芸教材編「やまなし」の授業』（山中吾郎著・明治図書）
「宮沢賢治の『やまなし』を読む」（宮宗基行著『文芸教育84』新読書社）所収

【「やまなし」の指導案例――全体の概要】

◉ねらい

かにの親子への共体験をもとにして「すべてのものはつながり合い、つれ合って変わるものである」という「やまなし」の世界観に迫らせる。

◉授業展開

《だんどり》の段階

「イーハトーヴの夢」で、宮沢賢治の生き方にふれさせる。そして、「やまなし」が賢治が考えた理想とどんなところでつながっているかを考えながら読んでいくかまえを持たせる。

《たしかめよみ》の段階

【五月】

Q　かにの兄弟は、どんな人物ですか。

Q　かにの兄弟は、どんな世界にいますか。（急変する世界をとらえさせる。）

Q　〈光のあみ〉は、なぜのびたり縮んだりするのでしょうか。〈条件（縁）で光のあみが変わることを具体的にとらえさせる。急変する世界を因縁果でわからせる。〉

Q　魚を〈こわい所〉へ連れて行ったかわせみにはどんなイメージがありますか。〈比喩からかわせみのイメージをつかませる。かにの兄弟には見えない世界があることをつかませる。）

Q　クランボン、魚、かわせみはどんな関係になっていますか。（殺し殺される関係、食物連鎖になっていることをわからせる。）

Q　五月は、どんな世界ですか。（こわい世界であるが、生き生きと躍動するし、変化する世界）

【十二月】

Q　十二月の世界を五月と比べましょう。

Q　かにの兄弟のあわ比べから何がわかりますか。（他愛ない勝ち負けにこだわる欲が、おごりや劣等感など、正しくものごとを見ることができない原因になると同時に、生きる意欲を生み出す原因にもなることを考えさせる。）

Q　落ちてきたやまなしから、何がわかりますか。（見えない世界で、命の連鎖があったこと、かにの親子に恵みをもたらすものであること、かにの親子を含めて命がつながり合っていることをわからせる。）

Q　十二月は、どんな世界ですか。（殺し合わなくとも命がつながる世界）

《まとめよみ》の段階

Q　「まえがき」「あとがき」があることで、どんなことがわかりますか。（青一色でありながら、多色の世界、動かない幻灯なのにめまぐるしく動く世界と異質なものが二重になっていることとつなげて考えさせる。）

Q「やまなし」は、どんな世界ですか。（異質な矛盾したものが一つに溶け合う世界）

Q なぜ、題名が「やまなし」なのでしょうか。（異質な矛盾したものが一つに溶け合う世界を象徴しているものだから。つれ合って変わる世界の象徴だから。）

Q【典型化の発問例】この学級は、なぜ今のような学級に変化したのだと思いますか。（つれ合って変わることを《典型化》した発問例）

《まとめ》の段階

・授業の感想を書かせる。
・宮沢賢治の作品の《つづけよみ》をさせる。

【「やまなし」の板書例】

【「五月」のたしかめよみ】

やまなし　宮沢賢治

一、五月

めあて「やまなし」の世界は　どんな世界か

【まとめよみ】

やまなし　宮沢賢治

めあて「やまなし」の世界は　どんな世界か

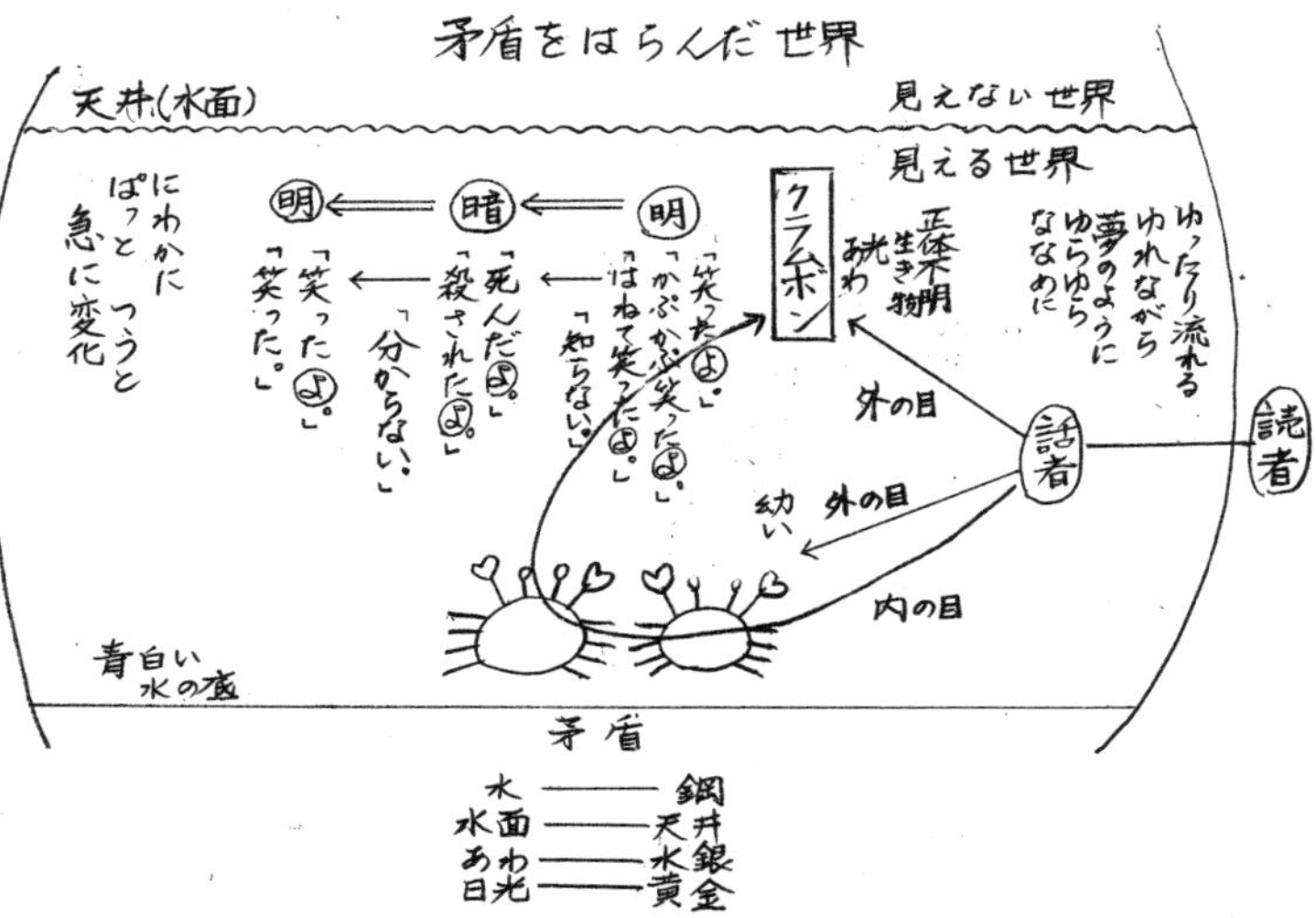

矛盾をはらんだ世界
天井（水面）
見えない世界
見える世界
クラムボン
正体不明 生き物 あわ 光
ゆったり流れる ゆれながら 夢のように ゆらゆら ななめに
明
暗
明
「笑ったよ。」「かぷかぷ笑ったよ。」「はねて笑ったよ。」「知らない。」
「死んだよ。」「殺されたよ。」「分からない。」
「笑ったよ。」「笑った。」
にわかに ぱっと つうと 急に変化
外の目
外の目
幼い
内の目
話者
読者
青白い水の底
矛盾
水——鋼
水面——天井
あわ——水銀
日光——黄金

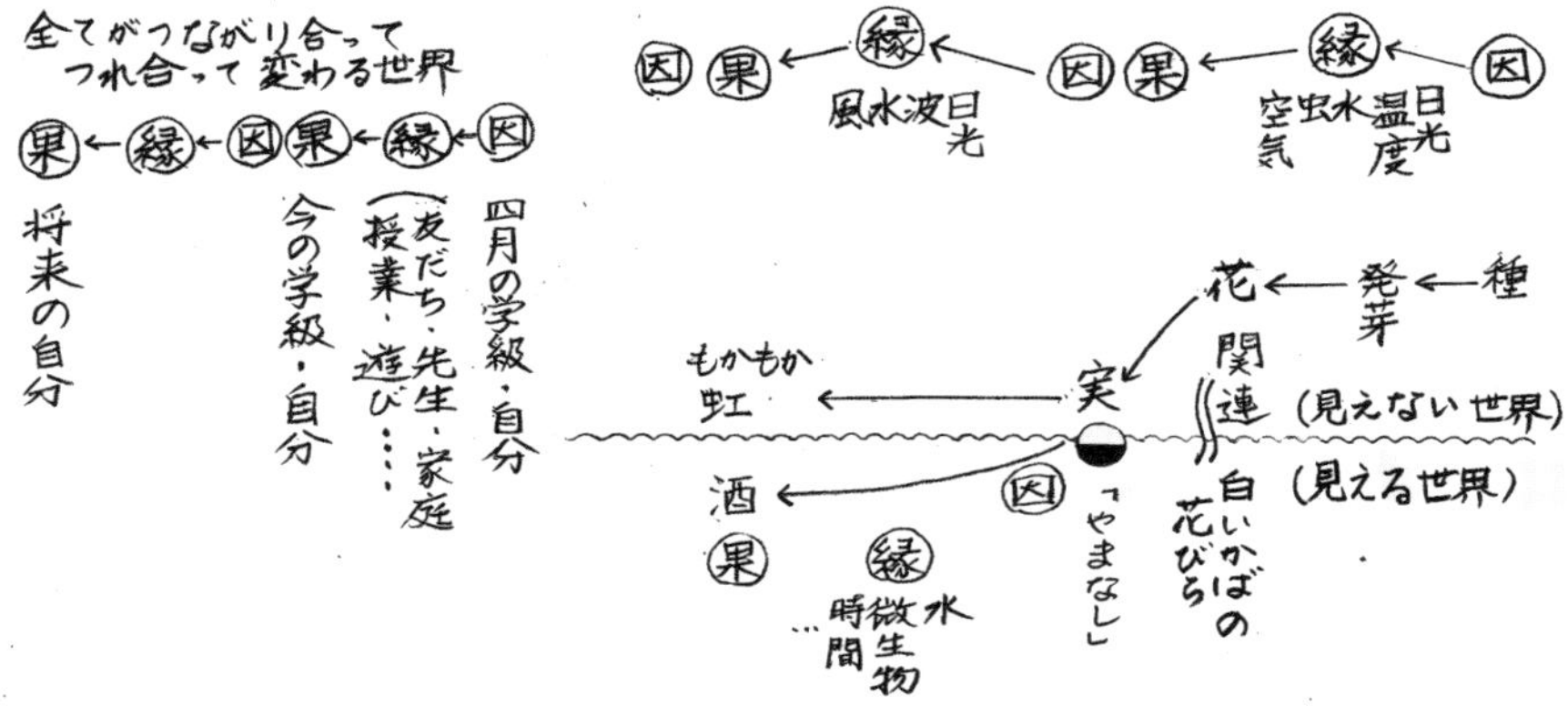

全てがつながり合って つれ合って変わる世界
果←縁←因果←縁←因
四月の学級・自分
（友だち・先生・家庭 授業・遊び……
今の学級・自分
将来の自分
因果←縁←因果←縁←因
日光 水温 虫 空気 温度
日光 波 水 風
種→発芽→花
関連
実
もかもか 虹
（見えない世界）
（見える世界）
白いかばの花びら
「やまなし」
因
酒
果
縁
水 微生物 時間 …

15 「『鳥獣戯画』を読む」（高畑　勲）

◇題名と書き出しに見る類推

絵巻物ならば「観る」となるはずなのに、「読む」となっているのはなぜだろうか、また、「読む」というならば、どのように「読む」のだろうかと、この題名は、読者に興味関心を起こさせるものとなっています。これを**仕掛**と言います。そして、同時に、この題名が、この説明文を読んでいくうえでの**観点**（読み手にどんなことを心づもりさせたいかという対読者意識）となっているのです。「『鳥獣戯画』を読む」とは、絵を読み解く、絵の解釈をする、絵から**類推**し意味づけていくということです。

では、書き出しから見ていきましょう。

〈はっけよい、のこった。秋草の咲き乱れる野で、蛙と兎が相撲をとっている。蛙が外掛け、すかさず兎は足をからめて返し技。その名はなんと、かわず掛け。おっと、蛙が兎の耳をがぶりとかんだ。この反則技に、たまらず兎は顔をそむけ、ひるんだところを蛙が――〉となっています。まるで相撲の実況のようですが、蛙が「外掛け」なのに対し、兎の方が「かわず（＝かえるの別称）掛け」というこの**対比**がおもしろいので、〈その名はなんと〉となるのもうなずけます。これは挿絵として用いている『鳥獣戯画』甲巻の一部分の説明ですが、絵を「観る」のではなく、まさに、「読む」ということをしているのです。絵を読み解く、絵を解釈しています。この書き出しによって、読者は、一気にこの絵巻物の世界に引き込まれることになります。

◇「漫画の祖」と言われる理由

〈なぜ漫画の祖とよばれているのか、この一場面を見ただけでもわかる〉とありますが、これは、この後を読んでいくための一つの観点となっており、この後、「漫画の祖」と言われる理由がわかるように述べられています。

それは、〈線のみで描かれ、大きさが違うはずの兎と蛙が相撲をとっている〉のが〈どこか、おかしくて、おもしろい〉ということです。〈すごく上手だけれど〉というのは、高度な描画技術、芸術性をもった絵画ということでしょうか。そうでありながら、見れば〈どこか、おかしくて、おもしろい〉ので現在の〈漫画みたい〉に思われるのです。「漫画」とは、「滑稽みを主とし、単純な線や色で描いた絵」（『新明解国語辞典第四版』三省堂より）で、「漫」という字の意味は「ソゾロに。なんとはなしに。深い考えもなく、とりとめもなく」（同前）です。漫画、マンガ、萬画など「まんが」の意味づけは論者によってさまざまでしょうが、滑稽、風刺、諧謔といった要素をもった絵画として一般的に理解されています。

そして、〈でも、それだけではない。ためしに、ぱっとページをめくってごらん〉と、読者に呼びかけています。この頁をめくると〈蛙が兎を投げ飛ばしたように動いて見え〉るので、おどろいてしまいます。ここでは本文と挿絵の頁どりをうまく使って編集しているので、〈それだけではない〉ことが実感できるようになっています。読者への呼びかけや頁どりで、効果的な**仕掛**になっています。

◇類比・対比させることで見えてくるもの

次の頁をめくって挿絵を見ると、投げ飛ばした様子が描かれていて、〈どうだい。蛙が兎を投げ飛ばしたように動いて見えただろう〉という言葉に、読者は納得します。『鳥獣戯画』は、動きをもっていることを実感したからです。まさに〈アニメの原理と同じ〉です。この〈『鳥獣戯画』は、漫画だけではなく、アニメの祖でもある〉ことにも納得できます。漫画はコマ割り、紙芝居は絵を引きぬく、『鳥獣戯画』は長い紙に絵を連続して描くというように、手法はそれぞれ違っている（**対比**になっている）けれども、**類比**（似たようなところを比べること）すれば、〈動きを生み出したり、場面をうまく転換したりして、時間を前へと進めながら、お話を語っていく〉という共通するところが見つかります。

読者は、コマ割りしていない同じ紙面にある二つの絵に時間差があるとは思わないでしょう。そのような読者に配慮して、『鳥獣戯画』の手法を説明する際、筆者は絵を二つに分けて、時間差、そして動きがはっきりわかるようにしたのです。しかし、一四〇・一四一頁にあるように実際は長い紙に絵を連続して描いており、コマ割りしていない紙面を右から左に巻きながら動きを表現するようになっています。これが絵巻物の手法です。

このように、類比や対比を用いながら、『鳥獣戯画』が、アニメや漫画と大変関係が深いことが納得できるように表現されています。

◇細部を類推することでさらに見えてくるもの

描写表現の細部にも読者に視線を向けさせています。まず、蛙の口から出ている線に注目させています。〈いったいこれはなんだろう〉と疑問をもたせ、それは、〈ポーズだけでなく、目と口の描き方で、蛙の絵には、投げ飛ばしたとたんの激しい気合いがこもっていることがわかるね〉と、口から出ている線とポーズ、目と口の描き方をつなげて〈関係づけて〉、〈きっとこれは、「ええい!」とか、「ゲロロッ」とか、気合の声なのではないか〉と解釈しています。根拠がしっかりしていますから、解釈したことには説得力があります。続けて〈まるで漫画のふき出しと同じようなことを、こんな昔からやっているのだ〉と漫画の表現の仕方とつなげています。ここも〈なぜ漫画の祖とよばれているのか〉という最初の問いに対する答えになっています。

次に、投げられた兎の背中や右足の線に目が向けられます。〈勢いがあって、絵が止まっていない。動きがある〉と線の表現の仕方に動きを見ています。漫画やアニメと同じように動きがあることに着目しています。ここも〈なぜ漫画の祖とよばれているのか〉という最初の問い・観点に沿った説明になっています。

〈しかも、投げられたのに目も口も笑っている〉と、兎の様子が描写されています。確かに、兎は笑っており、その前の場面の兎も笑っています。細部の様子を見ていくと、兎と蛙とが、楽しく相撲をとって遊んでいる様子が描かれています。〈和気あいあいとした遊びだからにちがいない〉と断定しているのにもうなずけるところです。絵の細部から物語が生まれてきます。〈絵巻の絵は、くり広げるにつれて、右から左へと時間が流れていく〉と漫画のコマ割とは違った手法で物語が進行することを説明しています。絵を具体的に物語り、〈一枚の絵だからといって、ある一瞬をとらえているのではなく、次々と時間が流れていることがわかるだろう〉と、『鳥獣戯画』が物語の展開をもっていることを証明しています。

漫画は絵で物語る特質をもっています。『鳥獣戯画』には、言葉はありませんが、生き生きと物語が展開します。こうした面からも『鳥獣戯画』が〈なぜ漫画の祖とよばれているのか〉がわかってきます。

そして、読者に向けて、応援の三匹の蛙について〈それぞれが、どういう気分を表現しているのか、今度は君たちが考える番だ〉と、今度は読者である子どもたちに自分なりの解釈を促しています。すると読者は、絵からさまざまな様子や会話を想像して自分なりに物語を創ることになります。こうすることで『鳥獣戯画』も漫画と同じように物語があることを実感することでしょう。

◇日本文化の中での『鳥獣戯画』

この『鳥獣戯画』がつくられた同じ時代に「源氏物語絵巻」や、後で資料としてあげられている「信貴山縁起絵巻」「伴大納言絵巻」などが描かれています。〈これら絵巻物に始まり、江戸時代には絵本（絵入り読み物）や写し絵（幻灯芝居）、昭和時代には、紙芝居、漫画やアニメーションが登場し〉と、漫画やアニメーションに至る歴史の流れが述べられています。漫画の祖が『鳥獣戯画』などの絵巻物であることを歴史の流れから明らかにしています。〈言葉だけでなく絵の力を使って物語を語るものが、とぎれることなく続いているのは、日本文化の大きな特色〉であると、日本文化という大きな視野の中で『鳥獣戯画』の役割を考えさせようとしています。

◇人類の宝としての『鳥獣戯画』

最後の段落は、この説明文のまとめであり、筆者の考えが述べられているところです。『鳥獣戯画』が、〈まるで、漫画やアニメのような、こんなに楽しく、とびきりモダンな絵巻物〉であること、そして、その〈筆で描かれたひとつひとつの絵が、実に自然でのびのびしている〉ことから、〈描いた人はきっと、何物にもとらわれない、自由な心をもっていたにちがいない〉と、描いた人にも心を寄せています。つまり、芸術の本質は、独創性にあるということです。

〈何物にもとらわれない、自由な心をもっていた〉からこそ、〈こんなに楽しく、とびきりモダン〉で、〈実に自然でのびのびとし〉た線で描くことができたということが言えるのです。つまり、作品を見て、つくった人の思いや人柄、精神性をうかがい知ることができるのです。このように、物からそれをつくった人を見ることができる、まさに、「物を見て人を見る」なのです。

〈世界を見渡しても、そのころの絵で、これほど自由闊達なものはどこにも見つかっていない〉と『鳥獣戯画』をはじめとする絵巻物が、世界の文化の中で例を見ないほどの特異な存在であり、優れたものであると評価しています。

〈描かれてから、八百五十年、祖先たちは、幾多の変転や火災のたびに救い出し、そのせいで一部が失われたり破れたりしたにせよ、この絵巻物を大切に保存し、私たちに伝えてくれた〉。この言葉から、私たちの祖先が、この『鳥獣戯画』をいかに大切に守ろうとしてきたかがわかります。そして、大切にしてきたのは、この『鳥獣戯画』という「物」だけではなく、その『鳥獣戯画』にあふれる、描いた人の何物にもとらわれない自由でのびのびとした心、精神性だったのではないでしょうか。そして、その精神は現代まで受け継がれる力をもっていたということでしょう。

ですから『鳥獣戯画』は、〈国宝であるだけでなく、人類の宝なのだ〉という評価も決して過大なことではないと思えます。

（大家加代子）

16 この絵、私はこう見る

高学年の国語では「話すこと・聞くこと」「書くこと」「読むこと」でも、事実と感想・意見などを区別することを重視します。目的や意図に応じて、事実と感想・意見を詳しく書いたり、簡単に書いたりするなど書き方に注意する必要があります。また、問いかけを入れたり、文末の書き方を使い分けたりして読み手を意識した書き方の工夫にも留意させます。図画工作（美術）における鑑賞の言語活動と関連して指導すると効果的です。

（上西信夫）

17 狂言「柿山伏」

室町時代に民衆に親しまれていた狂言「柿山伏」が教材としてとりあげられています。狂言がつくられた時代には、現在わたしたちが使っている言葉に近い言葉が使われるようになったと言われています。わかりにくい言葉や言い回しがありますが、実際に聞いたり読んだりすれば話の流れやおもしろさは十分わかると思います。

◇語り手がいないこと

はじめに狂言の舞台の写真が載っています。狂言は大体、能といっしょに上演されていました。能が重い幽幻な内容をとり扱うのに対して、狂言はその気分転換を図る目的で演じられるものでした。「間狂言」という言葉があるように、狂言は、大体、能の合間に上演されます。

一般的な文芸作品と比べて、狂言などの戯曲には大きな特徴がありますので、そこをおさえて授業を進めることが大切です。狂言は、戯曲、脚本としての取り扱いですから、舞台を使って表現するという**条件**があることを理解させてください。

ところで、物語や小説の表現の方法と違う特徴は何でしょう。それは、戯曲は語り手（話者）がいないことです。たとえば、物語では語り手が「太郎は小さな町に住んでいました。」と人物の紹介をしてくれます。しかし、戯曲には、語り手がその人物の紹介をしてくれませんから、何らかの工夫が必要になってきます。

一般的な戯曲では、たとえば「お兄さん、どうして学校に行かないの？」と人物が聞けば、聞いた人物は妹であることがわかるし、聞かれている人物は兄で何らかの事情で学校に行っていないことがわかります。観客に、会話からどんな人物かわかるように工夫されています。

◇人物自身が説明する

戯曲の中でも狂言の場合は、〈これは出羽の羽黒山よりいでたる、かけ出の山伏です〉、〈とりわき山伏の行は、野に伏し山に伏し〉と、登場人物の山伏自身が自分のことを紹介しています。自分自身の紹介だけでなく、これから展開される場所は田舎なのか、寺の中なのかなど場所も登場人物が紹介するのです。〈がんがんがん〉と鐘が鳴る音、〈ぼろんぼろ、ぼろんぼろ〉といった**声喩**などを会話表現のように自分のせりふの中で表現することも特徴の一つです。

人物と場所、声喩を登場人物が簡単なやり方で紹介するのはなぜでしょうか。普通、演劇というといろいろな大道具、小道具が出てきます。狂言はそのような物がありません。能舞台があるだけで、それに飾りのようなものがわずかあるだけです。狂言の世界は、そういう中で演劇空間を創りあげる大変ユニークな世界ではないかと思います。

◇類型的な人物

狂言では、大名も侍も職人も同じ空間、同じ場に出てきます。極端に言えば、違う身分の者も対等に渡り合っているところに特徴があります。身分制度のきびしい時代にあってなかなかユニークな世界です。身分差・肩書きをとりはらった、まともな人間関係がそこには浮き彫りにされています。それは大変おもしろいことだと思います。

また狂言では、人物の性格が**類型的**です。太郎冠者はこういう性格で、次郎冠者はどういう人物だと、それぞれの人物の性格がはっきりしているのです。教材になっている「柿山伏」にも、〈山伏〉と〈柿主〉という対照的な人物ですが、どちらも類型的でその性格は変化することはありません。山伏はきびしい修行をしている身です。その山伏が〈ことの外ものほしゅうなった〉ので、柿をとろうとします。とるしぐさもとる理屈もおかしく笑ってしまいます。そこへ毎日柿の様子を見回っている柿主は、山伏が柿を食べているところを見つけます。そこで、柿主は、柿をとったのは山伏ということをわかっていながら、山伏にいろいろなことをさせてからかい困らせます。もちろん、読者もそのことはわかっていますから、山伏の言動を笑ってしまいます。山伏は柿を盗み食いして負い目がありますから、柿主から〈あれはからすじゃ〉と言われれば〈こかあ、こかあ、こかあ、こかあ〉と鳴くし、〈さるじゃ〉と言われれば〈きゃあ、きゃあ、きゃあ、きゃあ〉と鳴かざるを得ません。素直といえば素直です。

動物の声のものまねを「させる方」の柿主と「させられる方」の山伏は**対比**の関係になっています。しかし、双方とも悪人ではありません。人のいい滑稽な人物です。

◇変化をともなって、発展する反復のおもしろさ

同じようなことをくり返しさせますが、くり返される内容が変わっていきます。最後は〈とびじゃ〉〈はあ、飛ぼうぞよ〉とだんだん難しい課題を山伏に課していきます。このように**変化をともないながら反復**していく中で、だんだんおもしろさがふくらんでいくのが狂言の特徴です。これは昔話によく使われる表現方法です。このような表現方法は、とても単純なだけに話の内容がよくわかり、気楽に楽しむことができます。

狂言の発想は、民衆の中に語り伝えられてきた民話の中の笑い話からずいぶんネタをとっています。当時の民衆の健康的な笑いがこの「柿山伏」に限らず、他の狂言にも共通してあります。

「柿山伏について」（山本東次郎）に書かれていることは、「柿山伏」のどの場面、どのせりふのことを言っているのかを見つけさせてください。

（この項は、旧『指導ハンドブック高学年』所収の「狂言　柿山伏」に加筆しました。／大柿勝彦）

18「天地の文」（福澤諭吉）

◇書かれた当時の読者と現代の読者

福澤諭吉の人となりはあらためて言うこともないでしょう。元々、下級藩士であり、その足跡は蘭学者、自然科学者、啓蒙思想家、慶應義塾大学の設立など多面にわたります。

さて、慶應義塾大学出版会によりますと、「天地の文」は、「啓蒙手習いの文」（上下二巻）の中にあるとのことです。出版されたのは、明治四年初夏です。

古文や漢文を読む場合、作者が想定した読者は、「現実」の読者（つまり現在の六年生）ではないので、注意が必要になります。当時のこの年代の子どもたちには理解できた言葉でも、現在の六年生では、理解できない言葉がたくさんあります。また、一年を大まかに「三百六十日」としていることなど説明が必要でしょう。

声に出して〈調子のよい言い回し〉を楽しむことができますが、六年生にとって、深く読みとる内容ではありません。しかし、六年生は歴史学習をしていますから、その学習と関連させながらこの文章がつくられた当時の状況もあわせて学ばせることができます。

◇当時の状況をふまえて

明治の世になり、西洋文化がどっと入ってきます。ところが、一般の市民にはそれを受け止める素地が十分でなかったに違いありません。いわゆる文明開化と言われて、当時の賑賑しい写真や絵などを資料で目にしますが、それは大都会での話です。日本人の識字率は高かったとはいえ、日本のほとんどの地域では、暮らしや考え方はまだ江戸時代とそう変わっていませんでした。そのようななかで明治五年に学制が発布されます。

◇福沢諭吉の教育観と「天地の文」

次に示す「啓蒙手習いの文」の序文に諭吉の教育観が表れています。

学校の教えは高度なものを少人数に教えるよりも、かえって低度なものを広く一般に教える方が大切です。〔中略〕教育の道を極めて低い所から始め、いわゆるお習字の先生のような者によって始めさせれば、大いに世間の無駄な費用を省き、教育を普及させる始まりともなるでしょう。

〈低度なもの〉とか〈低い所〉という表現には現在の教育論からすると違和感がありますが、いわゆるエリート教育よりも全児童を対象とした普通初等教育を重視しており、当時としては進歩的な教育観でした。日本より近代化が遅れた国では高等教育が重視されたことと比べればその進歩性は明らかです。

また、「学制」の趣旨を説明した「学制につき被仰出書《おおせいだされしょ》」は、その半年前に出版された福沢諭吉の「学問のすゝめ」を参考にしたと言われています。この「天地の文」が書かれたのは、「学制」の前年です。

「天地の文」は、一般庶民の子どもたちが、〈調子のよい言い回し〉（一七六頁）で何回も読んで実用的な新しい知識を身につけられるようにつくられています。当時の教育の様子がどのようなものであったかを体験することはできます。

（樋園哲思）

【参考】慶應義塾大出版会http://www.keio-up.co.jp/kup/webonly/ko/fukuzawaya/9.html

19「未知へ」（木村信子）

◇謎解きのようなおもしろさ

この詩は三連で構成され、〈わたしが響いている〉と〈響いている〉がくり返しでてきます。〈わたしが響いている〉の〈わたし〉とは誰だろう、〈響いている〉とはどういうことだろうと不思議に思います。不思議に思うとそれが何か知りたくなるので次が読みたくなる書き方を**仕掛**といいます。

三連まで読み終わると、雛が殻から出てくる前の気持ちや未知の世界への期待が描かれていると想像できます。それを受けて、再読では、くり返し出てくる〈響いている〉という言葉が時により人により場合によって意味が変わってくることもわかってきます。

◇成長とは

一連は、**語り手**が透明な殻の中にいる雛の〈わたし〉の**視角**から語り、二連では、語り手がその雛を守っている殻の〈わたし〉の視角から語り、三連では、語り手が再び雛の〈わたし〉の**視角**から語るという**視角の転換**をしています。

一連では、雛の〈わたし〉が鳴いているではなく、〈響いている〉と語っています。透明の殻の中で〈わたし〉は、殻に守られながら育ってきたわけです。殻が透明だから殻を通して外のことも見ながら育ってきたわけです。殻の中ではもう学ぶことがないくらい大きく成長したと、〈ありったけ〉の力や声で、殻の中で〈響いている〉のです。機が熟したと知らせていることを〈響いている〉という言い方で表しているのです。外はもうすぐ春で、巣立ちの日が近づいているのを感じます。

二連では、殻の〈わたし〉がその雛の成長を〈痛いほど〉に感じ、雛の響きを受けて〈響いている〉し、雛の思いを〈あふれるほど〉受け止めて雛と共に〈響いている〉わけです。また、雛の成長を感動で打ち震えて喜んでいることを〈響いている〉と表現しています。雛の〈響いている〉を受けて殻も同じように〈響いている〉のです。

しかし、雛が成長するということは、雛を守ってきた殻としての役目が終わることでもあります。雛の成長を喜ぶとともに自分が必要でなくなる寂しさを感じる殻の〈わたし〉がそこにあります。

三連では、雛の〈わたし〉が再び〈響いている〉のだけれども、今度は、殻の中だけでなく、殻の外〈おもて〉へも向けて共に〈響いている〉のです。〈こだま〉するほどに大きく〈響いている〉ということは、殻から出てさらに外の世界をみたいという思いが強いということでもあるわけです。〈まだ見たこともない山〉つまり自分にとって未知の世界へ踏み出すこと、いろいろな新しいことを知ること、学ぶことに〈胸をときめかせて〉〈わたしが響いている〉のです。

今、大きく成長し、自分を守ってきた殻を脱ぎ捨て、夢と希望に胸をふくらませて未知の世界へ飛び出そうという子どもたちの姿を表しているといえます。

（砂畠祐子）

⑳「自然に学ぶ暮らし」（石田秀輝）

◇文章の構成

この教材は次のような三部構成になっています。

【はじめ】　一・二段落
【つづき】　三～八段落
【おわり】　九段落

自然の仕組をうまく利用した実例が紹介される【つづき】の部分では、〈まず〉（四段落）、〈次に〉（七段落）、〈これらとは別に〉（八段落）という接続語があり、【おわり】の部分にあたる九段落では〈このように〉の後に結論が続いています。つまり各段落冒頭の一語を追えば、論理展開が一目瞭然となる、わかりやすく読みやすい構成になっています。

◇【はじめ　一・二段落】

◉読者の興味を引きつける書き出しの工夫

説明文教材というのは、その道の専門家である筆者が、自分の専門分野に関する知識（認識・思想をも含む）を読者である子どもたちに伝えるために書かれた文章です。想定される読者は小学生なのですから、文章をわかりやすく平易な表現にするのは当然として、おもしろく、興味をもって読み進められるための工夫も必要となります。

この教材は「自然に学ぶ暮らし」という、やや硬い印象の題名がつけられていますが、一段落が〈みなさんは、学校や家庭で、リサイクルや省エネルギーに取り組んだことがあるでしょう〉と読者に直接語りかけるような書き出しになっているので、子どもたちは親しみをもって読み始めることができるのではないでしょうか。

リサイクルや省エネルギーだけでは追いつかないほど資源が少なくなってきた地球の現状を示し、〈私たちは、資源の利用のしかたを見直すと同時に、新しい暮らし方を一から考えていかなければなりません〉（傍線引用者）と、筆者は強い調子で訴えます。私たちが考えなければならない〈新しい暮らし方〉とはどういうものなのか、読者は興味をもって先を読んでいくことになります。

◉仮説を立てて考える

文芸研が提唱する**ものの見方・考え方の関連・系統指導案**における高学年の課題に**仮説**という**認識の方法**があります。仮説を立てるということは、なんらかの必然性や可能性を想定するということです。たとえば一見なんの役にも立っていないように思われる動物のしっぽについて考えるときも、「生物の体に無意味な部分はなく、きっと何かの役に立っているはずだ」という仮説を立てることにより、「では、どのように役に立っているのだろう」と、動物の生存条件と体の仕組の相関関係についての考察を進めることができます。目の前の問題を解決すべく試行錯誤するときでも、ある仮説の上に立ってこそ試行は成り立つものであり、うまくいかないときは仮説を修正しながら試行をくり返すのです。行き当たりばったりで試していても、なかなか真理には到達しないでしょう。仮説があることによって私たちはものごとの本質や法則を認識することができるのです。

二段落で筆者は**仮説**を立てています。

生命誕生以来三十八億年の間、地球環境は激しく変動をくり返してきたはずですが、生き物たちはその環境変化に適応して命をつないできました。現代社会を生きる私たち人間のように、科学技術の力によって環境変化から身を守ったのではなく、〈自然の仕組をうまく利用しながら〉生きてきたのです。「ならば、その生き方を私たちの生活にも応用できるのではないだろうか」というのが筆者の立てた《仮説》です。

仮説を立てるということは、モデル**（模式）**をつくるということでもあります。モデルを通して対象を見直すということは、仮説を立てることと同義です。人間以外の生物の生き方をひとつのモデルとして人間の生活を見直すことで、新しい暮らしの在り方を筆者は考えたのです。

◇【つづき　三〜八段落】

◉筆者の《説得の論法》に学ぶ

先に述べたとおり、この教材では読者である子どもたちがわかりやすいように、興味をもって読み進められるように、さまざまな筆者の工夫が施されています。説明文の授業では、文章の要点をおさえ、要約し、要旨を理解することだけで終わらせず、なぜその文章がわかりやすくおもしろいのか、筆者の**説得の論法**を学ぶということも、大切な学習課題となります。

「自然の仕組をうまく利用している生き物たちの生き方を私たちの生活にも応用できるのではないか」という仮説に基づき、実例をあげながら説明している【つづき】の部分にも、筆者の《説得の論法》をたくさん見つけることができます。

たとえば具体的な地名や数字を使って説明していることです。〈アフリカやオーストラリアのサバンナ地帯〉〈ジンバブエの首都ハラレにあるショッピングセンター〉といった地名、また〈昼間は五十度に達し、夜はれい度を下回る〉〈巣の中の温度は、ほぼ三十度に保たれています〉〈空気調節に必要な電気を九十パーセントも減らすことができました〉〈このようなおふろが使う水の量はおよそ三リットル程度で十分〉という数字を示すことにより説明に正確さが増し、読者はより強く納得させられます。写真やイラスト（モデル図）を使用することも説得力を増すことに効果的です。

また、三つの実例それぞれについての説明の**順序**が同じであるということも大切です。すなわち、①自然の中の生き物の例について②その生き物がうまく利用している自然の仕組や性質を明らかにし、③私たちの生活にどう応用するかを述べています。これらの説明の順序がばらばらになっていると、読者にとってはとてもわかりにくいものになってしまいます。

三つの実例についての説明を表にすると次のようになります。

①生き物の例	②仕組み・性質	③生活への応用
シロアリの巣	・トンネルによって温度を調節する仕組み ・小さな穴によって湿度を調節する仕組み	エアコンの電力消費を減らす
アワフキムシの幼虫やベタのあわ	・空気の層によって熱を逃がさない性質 ・表面が縮もうとする性質	風呂の使用水量を減らす
トンボの羽の表面の凹凸	・空気のうずが外側の空気を運び、少しの風で飛ぶ仕組み	少ない風ですむ風力を発電機

シロアリの巣（四～六段落）とアワフキムシの幼虫・ベタ（七段落）の二例については自然の仕組をうまく利用することで省資源につなげる応用法ですが、最後のトンボの羽の例（八段落）はエネルギーそのものをつくり出す試みとして紹介されています。

自分の仮説に対して都合のよい事例だけを誇大表現するのではなく、〈エアコンに比べると、少し性能は落ちますが〉〈作り出される電気の量は少しですが〉というように、生活に応用できる範囲の説明に公正を期しており、その科学者らしいフェアな態度は読者に信頼感を与え、かえって説得性を増すことに貢献しています。

◇【おわり　九段落】

◉《変換》という認識の方法をつかって私たちの未来を考える

自然の仕組をうまく利用する三つの実例を受けて、筆者は〈今の生活の在り方を問い直し、自然から学ぶことで、新しい暮らし方が見えて〉くると説いています。将来の地球環境制約を考慮すれば、〈自然に学ぶ暮らし〉こそが私たちの未来社会に求められる姿だということです。

かつて想像されてきた未来社会は、最新のテクノロジーを駆使した、便利で快適な生活を約束するものであったのかもしれません。しかし、そのような暮らしには膨大なエネルギー消費がともないます。未来の地球では資源を使うことに関してさまざまな制約があることが明白になった以上、大量生産・大量消費の社会から、持続可能な循環型社会へのパラダイムシフトが必要です。

パラダイムシフト（パラダイム転換）とは、その時代において当然と考えられていた認識の枠組みや価値観を劇的にまたは革命的に変化させることです。筆者は一段落で〈新しい暮らし方を一から考えていかなければなりません〉と主張しており、九段落でも〈その制約の中で、どのような暮らし方ができるかを一から考えることで、資源を守り、私たちがいつまでも暮らしていける社会ができる〉〈そんな日本に生きる私たちだからこそ、自然の仕組を生かした新しい暮らし方を、一からつくっていくことができる〉（傍線引用者）と述べています。〈一から考える〉〈一からつくっていく〉ということは、それまでの常識的な価値観にとらわれず、まったく新しい発想で未来の姿を創造していくことです。筆者はその創造のヒントを三十八億年にわたる生物の営みに求めました。そこには**変換**という認識の方法が活用されています。

《変換》とは、常識的、日常的な思考をひっくり返したり裏返したりしてみる認識の方法です。私たち人間の未来を現代社会の延長線上にとらえるのではなく、自然界の生物の営みから学ぶ方向に《変換》**（転換）**することで、読者である子どもたちの思い描く未来の生活はまったく新しい姿へと変化していくのではないでしょうか。

（山中吾郎）

㉑ 忘れられない言葉

随筆（エッセイ）を書く言語活動です。随筆は身近に起こったこと、見たことや聞いたこと、経験したことを読者にわかるように描写・説明した上で、感想や自分にとっての意味などをまとめたものです。

教科書には、中川李枝子さんのエッセイを例示しています。あまんきみこさんの『空の絵本』（童心社）・杉みき子さんの『朝のひとこと』（新潟日報社）、工藤直子さんの『象のブランコ』（理論社）など、子どもたちにとってなじみのある作家のエッセイを紹介し、随想の特徴を理解させるといいでしょう。

（上西信夫）

22「海の命」（立松和平）

立松和平は、いろいろな所へ旅行し、テレビにもよく登場されていました。いつも独得な立松和平節で、聴いているだけで立松和平とわかるような喋り方をされています。その喋り方がそっくり文章になるような喋り方をされる方でした。

◇海に生きるということ

この作品は、海に生きる人、つまり漁師が海をどう見ているか、海に生きるということをどう考えるかが主題となっています。大袈裟に言えば、海に対する哲学です。父や与吉じいさ、そして、主人公である太一が海をどうみているかという世界観がこの作品で問題になります。

たとえば、〈おとう〉は、二メートルもあるクエをしとめても自慢することなく、〈「海のめぐみだからなあ。」〉という見方をし、〈不漁の日が十日間続いても、父は少しも変わらなかった〉と不漁に対して不平不満を言いません。与吉じいさは、〈「わしも年じゃ。ずいぶん魚をとってきたが、もう魚を海に自然に遊ばせてやりたくなっとる。」〉と言い、〈「千びきに一ぴきでいいんだ。」〉と独り言のように語ります。漁師が魚をとるのは、もちろん食うため、生きるためです。千びきのうち一ぴきとれば生きていける。よけいな殺生、よけいな金もうけのために、たくさんの魚を根こそぎとるのはもってのほかと言っています。〈毎日タイを二十ぴきとると、もう道具を片づけた〉というのは、とればとれるだけとってやろうというのではなく、一日自分が暮らしていけるのに必要な数だけとれば、それでいいということです。

与吉じいさが亡くなったときも、太一は〈「海に帰りましたか。」〉と言っています。海に生まれ、海に育てられて、そして海に帰っていったという考え方をしています。それから、〈「おかげさまでぼくも海で生きられます。」〉という考え方は海の命と自分の命が一つであり、海が自分の命を育ててくれるという考え方です。太一は海の中へもぐります。〈海中に棒になって差しこんだ光が、波の動きにつれ、かがやきながら交差する。耳には何も聞こえなかったが、太一は壮大な音楽を聴いているような気分になった〉という文からは、太一が大自然、海というものをすばらしい世界として受けとっていることがわかります。

◇瀬とは

おとうが死に、太一がもぐった瀬というのは、たとえば川で言えば流れている真中に岩とか砂とかが顔を出している所です。そこは流れの速い所です。海でも潮流といって潮が流れる中に、海底が山のように盛り上がっている所があります。そのさえぎられた所がとても激しい流れになります。それを瀬と言います。浅い所ですが、流れをさえぎる所ですから激しい流れになります。

古い歌に「瀬を早み岩にせかるる滝川のわれても末に逢はむとぞ思ふ」という歌があります。川の速い瀬の流れの中でさえぎられて二つに別れたけれど、やがて末にはまた一緒に会いましょうね、という歌です。瀬になっている所は流れが速くなります。そのため〈瀬の流れが速くて、だれにももぐれない瀬〉は危険な所なのです。

◇〈海のめぐみ〉とは

キーワードになるのは〈千びきに一ぴき〉と〈海のめぐみ〉です。それらを〈海の命〉と意味づけており、それが題名にもなっています。なぜ〈千びきに一ぴき〉か、なぜ〈海のめぐみ〉と言うのでしょうか。このことをはっきりさせる必要があります。自然の生態系はピラミッド型になっています。アメーバーやミジンコのような非常に小さな生物が一番底辺にあって、それを食って生きていく生物がいます。その上に、小さい生物、中くらいの生物、大きい生物がいて、上へ行くほど数が少なくなります。これがいわゆる生態系のピラミッドと言われるものです。

そのピラミッドの一番頂点に立つのは人間なのです。人間が一番頂点に立っているということは、人間は自然からいろいろなものをいただいているけれども、逆に他の生物にお返ししていることは何もないことを意味しています。人間を食って生きている生物はいません。人間は牛を食い、馬を食います。あるいは魚を食い命を支えています。しかし魚や獣が人間を食べて生きるという話はありません。生態系としてはないのです。だから〈めぐみ〉は一方的なのです。恵む方と恵まれる方があるのです。私たち人間は恵みを受けている側であって、生態系に対して、人間の側からそれにお返しをしていることはないのです。だから、これを恵みというのです。〈海のめぐみ〉の〈めぐみ〉ということをまずはっきりさせておかなくてはいけません。要するに人間は自然からいただく、極端にいえば奪うという存在なのです。

◇〈千びきに一ぴき〉という考え方

そこで与吉じいさの〈千びきに一ぴき〉という教えが出てくるのです。〈千びきに一ぴき〉というのは、自分が生きていくだけの魚をとりなさいということです。その日一日生きていくだけの魚をとることをたとえて言ったのが、〈千びきに一ぴき〉です。それ以上とることは、おごりたかぶった人間の姿に他ならないのです。自分が生きていくだけをいただくということです。人間が海に対して、あるいは魚に対してお返しをしていることは何もありません。ですから、もっと謙虚な姿勢で生きようと与吉じいさは言っているのです。

〈千びきに一ぴき〉ということは結局、生態系を維持していくという問題です。今すでにいろいろな所で見られる乱獲の結果、魚が減っています。乱獲している人は、それでいい、一儲けしたという気持ちになるでしょうが、人間全体として考えれば海の資源や山の資源がつきていくことです。やがて、しっぺ返しを受けて人間は食うことに困るという状況に立ち至ります。だから、〈千びきに一ぴき〉ということは、人間自身のためでもあるのです。生態系を崩さないで維持していき、生きていくだけのものをいただけばいつまでも資源は長続きします。こういう意味を与吉じいさは太一に教えているのです。

◇〈海の命〉とは何か

〈海の命〉は、生物の命だけではありません。魚とか貝とかそういうものだけが〈海の命〉ではありません。〈海の命〉は海の水も、海草も岩も砂もそこに射し込む日の光もすべて含めてトータルに〈海の命〉という考え方があります。

ディープエコロジー、「深い生態学」、つまり深く意味づけた生態学という考え方がやっとここにきて根づき始めています。普通生態学というと生き物だけを問題にしますが、ディープエコロジーは水も土も空気も含めた生態系を考えます。たとえば水を汚せば生態系が滅びてしまいます。それまでの生態系は生き物の間の食う食われるという食物連鎖を中心にした考え方でした。しかし、ディープエコロジーは食物連鎖の関係だけではなく、それを含み込む自然全体、地球全体を生態系として考えています。

そのような考え方はすでに鎌倉時代、日本の仏教思想の中にありました。鎌倉時代は戦乱に明け暮れた時代です。世は末法と言われた時代です。末法の時代とは、地獄のような時代ということです。当時の人々は今がまさに末法の時代であると感じました。なぜかというと下克上の時代で、絶えず戦乱で殺し合う時代だったからです。そういう鎌倉時代に法然や親鸞、日蓮や道元などが日本の新しい仏教をうち立てました。その考え方の中に、「衆生」という考え方があります。「衆生」というのは生き物のことです。インドでは「衆生」は人間だけを指し、救いの対象は人間だけでしたが、仏教が中国に入ってきて、救いの対象が犬、猫などの畜生も含まれるようになりました。それが日本へきて大乗仏教の中で「衆生」はこの世の生きとし生けるものはもちろんのこと、「山川草木悉皆成仏」と、すべてが救いの対象となりました。土にも水にも命がある、それを抜きにして、いわゆる生き物だけが命だと考えてはならない、仏教が救いの対象とするのはこの世のすべてだ、トータルだという考え方が生み出されました。だから数百年前にすでに日本でディープエコロジーというものがうち立てられたと言えます。

作者の立松和平さんは法華経の信奉者で、インドで修行した人です。そういう仏教の考え方を身につけて、その世界観、人間観がこの「海の命」に作品として結晶しています。ですから、こういう〈海の命〉とは、魚や貝だけが〈海の命〉ではなく、海の水の中に射し込む日の光も、海の水と接している空気も、そこへ降る雨も、流れ込む川も土も岩も全部が〈海の命〉なのです。全部が救いの対象になるのです。こういう前提に立った作品です。〈海の命〉はこのようにとらえてほしいと思います。そうするとクエの命も〈海の命〉なしにはあり得ない命となります。〈海の命〉が生み出した命なのです。もちろんいろいろな魚も太一も与吉じいさやおとう、すべての人間の命も〈海の命〉がつくり出したものです。〈「おとう、ここにおられたのですか。また会いに来ますから。」こう思うことによって〉という文がありますが、ここはクエの命とおとうの命は同じ〈海の命〉ということでつながっている、すなわち、一つだと意味づけることができます。

◇海という命が生み出した命

激しい潮の流れの瀬には大きな魚がいます。その魚のことを〈青い宝石の目〉〈ひとみは黒い真じゅのようだった。刃物のような歯が並んだ灰色のくちびるは、ふくらんでいて大きい〉と非常にチャーミングな描写をしています。太一はそのクエをとらずに帰ります。〈太一は瀬の主を殺さないですんだのだ。大魚はこの海の命だと思えた〉。この大魚も海という命が生み出した命であり、大魚には父の命が象徴され、自分の命も象徴されています。この作品には自然と人間を一体なものとしてみる見方・考え方があります。

◇自然との共生

そして最後に〈太一は村一番の漁師であり続けた〉とあります。村一番の漁師というのは、とれるだけとって、うんと稼いでやろうという漁師ではなく、〈千びきに一ぴき〉しかとらないという哲学をもっている漁師です。このような哲学をもてば、海の命はまったく変わりません。永遠の命をもって、人々の命を永遠に生み育て、守り育てていくことになります。この作品では、自然との共生、一体感というものを訴えているのです。

（西郷竹彦）

【参考文献】『文芸研の授業②文芸教材編「海の命」の授業』（佐々木智治著・明治図書）

【「海の命」たしかめよみ（一場面）の指導案例】

◉授業範囲

〈父も、その父も、その先ずっと～結局ロープを切るしか方法はなかったのだった。〉

◉ねらい

太一とおとうとクエの関係をつかませる。

◉授業展開

【はじめ】

題名と作者の確認（毎時間確認する。）

Ｑ１　視点人物は誰ですか。それはどこでわかりますか。

（父という呼び方は、太一から見た呼び方である。）

Ｑ２　太一は、海をどのように思っていますか。

【つづき】

Ｑ３　視点人物の太一から見たおとうはどんな人物でしたか。

Ｑ４　瀬とはどんな場所でしょうか。

（流れが急で浅いので日光が良くあたり海草が豊富で、小魚から大魚までいろいろな魚が住んでいる世界をイメージさせる。）

Ｑ５　「海のめぐみだからなあ。」とはどういう意味だと思いますか。

Q６　太一は、父とクエをどう思っていますか。

【おわり】

Q７　一場面の海は、どんなイメージですか。

（ドラマチックな授業展開をするためには、ここで「おとうが死んだわけ」を考えるより、太一がクエを殺せなかったところで考えさせた方がいいのではないでしょうか。それまでは、太一には、おとうを殺したクエを殺し、村一番の漁師になるという考えがあります。欲をもった考えです。葛藤の中でクエを殺さないことで村一番の漁師になれたというところで、おとうは瀬の主を殺そうとした欲をもったため死につながったことを扱った方がおもしろく授業ができると思います。）

【「海の命」一場面の板書例】

海の命　　立松和平

◉めあて　太一は、父とクエをどう思っているか。

◉対象人物

おとう
もぐり漁師
瀬のクエをつく
たった一人で

視点人物

太一

話者

偉大な漁師

尊敬

あこがれ

海のことをよく知っている

「海のめぐみだからなあ。」

じまんしない

瀬

潮の流れが速い

誰でもはもぐれない

おとうの死

ロープを体に巻いたまま　クエに殺された

クエを持ち上げられずに　どうしてこんな父が

クエ

光る緑色の目　不気味

瀬の主　偉大な魚

岩のような魚　おとうでもかなわなかった

海のイメージ

めぐみ　人間の命をはぐくむ

同時に

こわい　人間の命をうばう

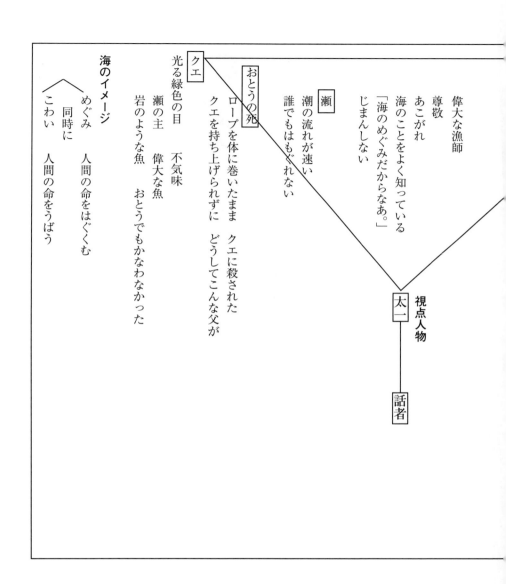

㉓ 今、私は、ぼくは

卒業期に位置づけられたスピーチの言語活動です。卒業記念文集や卒業式でのスピーチとあわせての指導が効果的です。また、最後の授業参観などにも保護者を対象にスピーチの機会を設けてもいいでしょう。

（上西信夫）

㉔ 「生きる」（谷川俊太郎）

いよいよ卒業間際で、これから巣立っていく子どもたちへのはなむけの詩として「生きる」という詩が出てきます。「生きる」という題名ですが、生きるとはどういうことかを詩人が自問自答しています。今生きているということがどんなことかと考えることで、生きるということが明らかになっていく、という詩です。

◇一連――肉体的に生きる

〈それはのどがかわくということ〉〈木もれ陽がまぶしいということ〉〈くしゃみすること〉――。人間が生きるということは動物たちと同じで、食うこと・飲むことという肉体的・

生理的に生きているということがあります。〈木もれ陽がまぶしい〉とは、犬でもねこでも、まぶしいときは目をつぶりますし、のどがかわけば水を飲みます。何かを思い出すこともあります。〈あなたと手をつなぐこと〉では、犬やねこは手こそはつなぎませんが、仲間と触れ合うということがあります。まさに、人間が生きるということは自然的存在として、一つの動物として生きる、肉体的に生きるということです。感覚的に生きるということです。

◇二連——価値的に生きる

しかし、人間が人間として生きるということは、単に動物的に生きるというだけではなくて、文化的・価値的に生きるということです。ミニスカート、プラネタリウム、ヨハン・シュトラウスのような風俗、習慣、科学、音楽、美術、スポーツなどいろいろな文化、あるいは価値といった〈すべての美しいものに出会うということ〉です。〈かくされた悪を注意深くこばむこと〉とは、真・善・美の価値を生み出すということです。価値をつくり出すこと、価値を見い出すこと、価値というものを大事にすることは、人間の生き方の大事なところです。犬やねこは、美しいものを美しいと評価したり、わかるということはありません。また、善悪を心得ているわけでもありません。善悪は人間がつくり出した価値の基準です。

◇三連——自由を大切にして生きる

さらに、生きるということは〈泣けるということ〉〈笑えるということ〉〈怒れるということと〉〈自由ということ〉とあります。「泣く」ではなく、〈泣ける〉です。〈泣ける〉という意味は、「泣ける自由」ということです。「泣くに泣けない」と言いますが、戦争中の母親たちは、最愛の息子が戦死したという訃報に接しても、人前で涙を流すことさえ許されなかったのです。状況においても、主体的にも自由がなかったのです。自由には「主体の自由」と「状況の自由」があります。

それから、怒るべきことに対して怒る、憎むというのは、人間として大事な感情なのです。笑うべきときに笑えるという自由、泣くべきときに泣けるという自由、そういう自由を大切にするとき、人間として生きるということになるのです。

◇四連――無数の関係の中で生きる

生きるということは、いろいろな諸関係の網の目の中で生きていることです。〈いま遠くで犬がほえるということ〉も、私たちとどこかで生きるということに関わることです。〈いま地球がまわっているということ〉は、自分という存在が生きる意味を地球的な規模で考えてみることになります。〈いまどこかで産声があがるということ〉〈いまどこかで兵士が傷つくということ〉などすべてのできごとは、私が生きるということと、どこかで何らかの形で結びついているはずだ、結びついていないものはないと言っています。〈いまぶらんこがゆれているということ〉という無意味そうに思えることでも、探ってみれば私たちの生きるということと、どこかでつながりをもっているに違いないのです。

◇終連――平凡の中の本質を見いだすということ

〈鳥ははばたくということ〉〈海はとどろくということ〉と、きわめて当たり前な、平凡なことを言っています。当たり前のことは、本質的であるということです。〈鳥ははばたく〉というのは鳥の本質であり、〈かたつむりははう〉ことはかたつむりの本質です。これらのことは、当たり前で平凡なことです。その平凡の中にものの本質があるのです。人間にとって最も平凡な、しかし、極めて大事な真実とは何でしょうか。それは、愛するということです。親が子を愛するということもありますし、男女の愛も人類愛もあります。鳥がはばたくように、人が愛することは特別なことではなくて、ありふれた、平凡な、しかし最も大事な本質的なことであると言っています。〈あなたの手のぬくみ〉というのは、一連にある〈あなたと手をつなぐこと〉と首尾照応している言葉です。ただ体と体が触れあうということではなく、そこに命を見いだし、自覚することが人間の生きるということでしょう。

「生きる」という詩では、**関連**的に見るという見方・考え方を学ばせたいと思います。

（西郷竹彦）

【参考文献】『全集4巻』

25「生き物はつながりの中に」（中村桂子）

◇題名の役割

説明文の題名は、普通、テーマ・**観点**を簡潔に示します。題名で、これから説明することは「生き物はつながりの中に」あることを《観点》にして読みましょう、と読者に呼びかけています。

「生き物はつながりの中に」という題名は、それに加えて**仕掛**をもったものになっています。「生き物はつながりの中に」と言われても、内容がはっきりとはわかりません。そのため読者は、「生き物はつながりの中に」とはどういうことだろう、と中身を知りたいと思うでしょう。これが仕掛です。仕掛をもった題名をつけることは、**説得の論法**の一つです。

◇【一段落】

◉説得の論法を学ぼう

〈イヌ型ロボットを知っていますか〉と書き出しの文は、読者に問いかけるような書き方になっており、読者を引き込んでいきます。

冒頭の一文でロボットのイヌを例に出したのは、生き物のイヌと**対比**することで〈生き物はつながりの中に〉あることを明らかにするためです。そのことは、一段落後半で〈ロボットのイヌは本物のイヌとはちがいます〉〈どこがちがうのでしょう〉〈そのちがいを考えながら〉と、「ちがう」という言葉がくり返されていることからもわかります。

ロボットのイヌと生き物のイヌを対比することで〈生き物の特徴をさぐってみましょう〉と問題提起をしています。ここで言う「特徴」とは**本質**と言い換えていいでしょう。対比することで生き物の本質がわかりやすくなります。

このために、生き物のイヌと似たようなイヌ型ロボットを例にしています。〈そっくりな動き〉〈持ち主の声にこたえてしっぽをふる〉〈とてもかわいい〉と似ている（類比した）イメージがくり返されています。違いは生き物ではないという点です。一段落で重視したいことは、他人に何かを説明する場合、何をどういう観点から、どういう方法で明らかにするかを示すことが、説明の第一歩であるという**説得の論法**を学ばせることです。ここでは、「生き物（の本質）を生き物はつながりの中にあるという観点から、ロボットのイヌと本物のイヌを対比するという方法で明らかにする」ということになります。

◇生き物の三つの特徴

二段落からは、〈生き物の特徴をさぐってみましょう〉という問題提起をうけて、それに答えています。観点にそった生き物の「つながり」が三つ書かれていることがわかります。一つめは、「外の世界とのつながり」で二・三段落に書かれています。二つめは「一つの個体としてつながっているということ」で四段落に、三つめは「長い時間の中で過去の生き物たちとつながっているということ」で五段落に書かれています。

◇【二段落】

◉外の世界とつながっていることが生き物の特徴

二段落のはじめに筆者は、〈本物のイヌとロボットのイヌをよく見てください〉と読者に呼びかけています。本物のイヌの呼吸を最初にとりあげ、次にえさ・水の吸収と排泄を例に出して、生き物は〈内と外とで物質のやり取り〉をしていることを読者に納得させています。これを物質代謝、新陳代謝といいます。

また、〈ロボットはどうでしょう〉と読者に問いかけ、本物のイヌと対比しています。

電池の交換を〈生き物と同じに見えますね。……本当に同じでしょうか〉と読者に問いかけています。電池の交換を「内と外との物質のやり取り」ではないかという読者の疑問を先どりしています。そして、この疑問をとりあげることで〈内と外とで物質のやり取り〉とはどういうことかを深く考えさせることにもなります。興味をもたせながら考えを深めるような表現の仕方をとっています。これも説得の論法です。

◇【三段落】

三段落は、電池の交換を〈生き物と同じに見えますね。……本当に同じでしょうか〉という疑問に答えています。

まず本物のイヌの場合を例に出しています。ここでくり返し強調されていることは、〈分解されて〉〈組みかえられます〉〈チロの体を作るタンパク質であって、ニワトリのものではありません〉〈外から取り入れたものが（変わって）自分の一部になるのが生き物なのです〉と「変わる」ということです。「変わる」ことが生き物の特徴であるということです。

それに対して、ロボットの場合は、〈変わることは決してありません〉〈電池は電池、（で変わらない）〉〈ロボットはロボットです〉と「変わらない」ことが特徴です。

とり入れたものが変わる「つながり」か、変わらない「つながり」かによって生き物とロボットの違いを区別しています。そこを本文では、〈外から取り入れたものが自分の一部になる、そのようなつながり方で外とつながっているのが、生き物の特徴です〉とまとめています。つながり方をさらに深め、生き物の特徴を明確にしています。

◇【四段落】

◉一つの個体としてつながっていることが生き物の特徴

四段落では〈変化・成長しながら、一つの個体として時間をこえてつながっている〉ことが生き物の特徴であることが説明されています。

ここでは、「変わる」ことが生き物であることがくり返されています。〈変わりましたね〉〈変わったでしょう〉〈入れかわり、全く同じではありません〉〈一秒たりとも同じではないのです〉と生き物は常に変わっているということが強調されています。〈でも〉の後は、「変わる」と対比するように〈つながっている〉つまり「変わっていない」「同じ」ことが述べられています。そして、〈変化・成長しながら、一つの個体として時間をこえてつながっている〉ことが、生き物の特徴であると言っています。つまり、変わりながらつながっている、同じであるという存在が生き物であると言っています。一方、ロボットは変化・成長しませんから、時間がたっても変わることなく同じです。

◇【五段落】

◉長い時間の中での過去の生き物たちとのつながりが生き物の特徴

五段落では、父や母、祖父や祖母とつながっているから、「あなた」が生まれてきたので、長い長い生命の歴史のつながりの中に「あなた」がいること、生命のつながりが生き物の特徴であることが説明されています。

ロボットと本物のイヌを生まれ方で対比しています。そして、生き物であるイヌのチロと人間である〈あなた〉を生まれ方で類比しています。三つ目の生き物の特徴は、命の「つながり」があるということです。

◇【六段落】

◉生き物の特徴をまとめる

この段落の冒頭に〈本物のイヌとイヌ型ロボットとを比べながら、生き物の特徴を見てきました〉と書かれていますから、ここが結論部分であることがわかります。つづけて、〈生き物は、外の世界とつながり、一つの個体としてつながり、長い時間の中で過去の生き物たちとつながるというように、さまざまなつながりの中で生きていることが分かりました〉と二段落から五段落で見てきた三つの生き物の特徴をまとめて示しています。一つめは〈外の世界とつながり〉、二つめは〈一つの個体としてつながり〉、三つめは〈長い時間の中で過去の生き物たちと〉のつながりとコンパクトにまとめています。「つづき（中）」の部分で三つの特徴がつかみにくかった読者でも、この部分でよりはっきり生き物の特徴をつかむことができます。「つづき〈中〉」の三つの部分に対応させて読み返すこともできます。こういうまとめ方も筆者の表現の方法、表現の工夫、**説得の論法**です。

〈生き物の特徴をさぐってみましょう〉という問いに対して〈つながりこそが、生き物の生き物らしいところ〉と「つながりの中に」あることが生き物の特徴であると答えています。

生き物の特徴・本質を引き出した筆者の**認識の方法**はどのようなものだったのでしょうか。ロボットのイヌと生き物のイヌの違いを比べること**（対比）**で、生き物のイヌの中にあるつながる（同時にロボットのイヌにあるつながらない）という共通性**（類比）**を見いだしています。このような**比較**（類比・対比）という《認識の方法》によって、ものごとの本質に迫ることができることを学ばせましょう。

◇【七段落】

◉学んだことを自分とつなげて考える

六段落の最後の一文〈このつながりこそが、生き物の生き物らしいところであり、ロボットとのちがいです〉でまとめとなっています。ここで終わらないのは、筆者が読者に一番伝えたいことが最後の七段落にあることを示しているのではないでしょうか。〈あなたは……たった一つのかけがえのない存在です。と同時に、あなたは過去の全てとつながり、未来へもつながっていく存在なのです〉は、ここまで読み進めてきた読者をはっとさせます。

ここまで説明してきたことが人間である読者（あなた）のことですよ、と気づかせ考えさせる構成になっています。小学六年生の子どもたちに、〈外の世界とつながり〉、〈一つの個体としてつながり〉、〈長い時間の中で過去の生き物たちとつながる〉とは、どういうことかを考えさせたい部分です。

最後の七段落は、「あなたが生き物であり、あなたはつながりの中に」を考えさせる新たな問題提起としてとらえ、読者（あなた・小学六年生の子どもたち）に問いかけ、自分の問題として考えることを求めているのです。さらに、このように見ていくと二つのことに気づきます。一つは、〈あなた〉と筆者は最初から読者に語りかけるように説明してきました。読者に身近な問題として語りかけるようにした工夫が、最後には読者に我がこととして考えさせるものになっています。学んだことを自分のことと結びつけて考えさせるもの**（典型化）**になっています。

〈あなた（人間）〉は、〈たった一つのかけがえのない存在〉であるとともに「あなた以外のすべてとつながっている」という考え方は、**矛盾**という深い認識の方法です。先に見た、生き物は「変わる」と同時に〈つながっている〉つまり「変わっていない」「同じ」という見方・考え方と同じです。生き物の中に、〈わたし〉の中に対比的なもの、相反するものが同時にあるという矛盾という考え方は、これまでの学年ではあまり使わなかった認識の方法です。この認識の方法にふれさせてください。そのような見方・考え方がわかれば、「自分を大切にすることと他を大切にすることは同じことだ」という考え・思想が納得できるのです。

自分を大切にすることと他を大切にすることは同じことだと考えることができるのは人間だけです。人間がイヌや他の生き物と違うところです。ところが、現実には、戦争や差別、いじめ、孤独など他の人が大切にされていないことが多くあります。それどころか自分さえ大切にしていないこともあります。こうした現実の中にいる読者である子どもたちが、〈今、あなたが生き物として生きていることが、とてもすてきに思えてきませんか〉という最後のむすびの言葉に、本当にそうだと思えるような授業をつくることができればどんなにすてきなことでしょう

（この項は、旧『指導ハンドブック高学年』所収の「生き物はつながりの中に」に加筆しました。／森田耕司）

26 季節の言葉（春・夏・秋・冬）

◇季節感を大切に

昨今は町を見回しても季節感が希薄になってきていて、子どもたちの感性が育ちにくい状況になっています。この単元では、昔から親しまれてきた四季折々の詩や俳句、言葉などを取り扱っています。しかし、偏狭な復古主義、伝統主義に陥ることがあってはなりません。また、暗記して終わり、というだけの授業は一番つまらない授業です。これらの詩や俳句などを足がかりに、子どもたちの感性や人間観・世界観を育てられたらいいなと思います。

それとともに、作品のおもしろさ、**美**を発見し味わってほしいと思います。ここで言う美とは、素材の美しさではなく、おもしろさ、味わい、趣きという意味で使っています。作品の中にある異質のイメージとイメージを響き合わせることで、作品のおもしろさ・美を見いだすことができます。イメージを響き合わせることを**相関**させると言います。

限られた時間の中では、すべての作品をていねいに取り扱うことはできませんから、各季節の中から一・二点については、おもしろさ（美）を味わうことができる授業にしたいものです。

そのうえで、教科書に書いてあるように季節を感じさせる言葉を作品の中から見つけたり、新聞や本などを使って集めたりするようにしましょう。

（樋園哲思）

27「宇宙飛行士―ぼくがいだいた夢」（野口聡一）

◇話者（語り手）・聴者（聞き手）、作者（書き手）・読者

この文章は、野口聡一が話したことを、聞き手が書きまとめたものです。いわゆるインタビュー記事です。原典は、文春文庫「ぼくのしょうらいのゆめ」に掲載されています。

どのような文章でも、**話者**（語り手）と**聴者**（聞き手）がいますが、この場合は、話者は〈ぼく（野口聡一）〉だし、聴者（聞き手）はインタビューする人です。**視点**は、今は大人である〈ぼく（野口聡一）〉が、少年時代や若い頃の自分を振り返って、過去の〈ぼく〉の気もちになって語っている、という**二重視点**です。**回想視点**とも言います。**作者**（書き手）は野口聡一となっていますが出版社のライター（書き手）でしょう。**読者**は小学校六年生の子どもたちです。

〈ぼく〉が話したことを、句読点やかぎ括弧、平仮名、カタカナ、漢字など交えながら、また段落など考えながら文章にしたものが、原典の文章です。ここで想定されている読者は、（文体から察するに）小学校高学年から中学生の全国の子どもたちでしょうか。語り手である野口聡一さんの趣旨を伝えるためには、どのような表記にしたらいいのか、段落をどこでとったらいいのかなど考えた文章です。

◇原典と書き直した文章の違い

その原典にある文章を教科書用に、六年生の子どもという読者を想定して書き直したのが、教材文です。ですから、原典とは表記の仕方やかぎ括弧が異なっていたり、大きく省いた箇所があったり、言葉を挿入した箇所や書き改めたりした箇所があったりします。また題名も、原典での題名とは趣きが少し違ったりしています。

原典とはいくつか異なっていたにしても、野口さんが伝えたいことの趣旨は大筋で変わっていません。しかし、意味が矮小化されるかもしれない箇所がないでもありません。

たとえば〈英語は、せまい学校から解き放ってくれるように思えて〉とあります。そのとおり読むと、空間的に〈せまい学校〉だけの意味に受けとられそうですが、原典では〈狭い学校の閉塞感から解き放ってくれるように思えて〉とあります。野口さんは、せまさを問題にしているのではなくて、閉塞感を問題にしているのです。

◇どんな質問であったか考える

インタビューの場合、普通聞き手がいろいろ質問して、語り手がそれに対して答えていく形式をとります。文章の途中に一行空いたところがあります。そこに聞き手が語り手に質問したところと想定して、質問を考えることもおもしろいのではないでしょうか。次にその一例をあげていますので参考にしてください。

打ち上げの瞬間
・ディスカバリーの打ち上げ瞬間のお気持ちはどうだったのかお聞かせください。
宇宙飛行士になるまで
・野口少年は、どんなお子さんだったのですか。
・宇宙飛行士という仕事を、はじめて意識したのはいつごろですか。
・現実に宇宙飛行士になろうと決めたのは何がきっかけだったのですか。
宇宙から見た地球
・宇宙飛行士になって、実際、宇宙から見た地球は、どうでしたか。
夢をいだくことについて
・野口さんにとって夢とはどんなものだとお考えですか。

インタビューをするためには、目的に沿った内容を相手から引き出すためにしっかりした質問事項を用意することが必要です。そのためには、質問対象者に関する情報をできるだけ準備しておくことも必要です。その中から聞きたい目的に向かってうまく話が進むように質問しなくければなりません。このインタビューの場合、題名にあるように「宇宙飛行士になるためにどんな夢をいだき、実現してきたのか」といったテーマに沿って、観点を外さないように話が進められています。

◇書き出しの工夫

〈二〇〇五年七月二十六日、スペースシャトルディスカバリー号打ち上げの瞬間、「これでやっと、ぼくは、宇宙飛行士になれたんだ。」と思いました〉と宇宙飛行士になりたいという夢が実現した瞬間から書き始めています。文章の書き出しは、とても大切です。読み始めた読者に関心をもってもらわなくてはいけません。語り手の野口さんにとってその一瞬は最も大きな感動であったでしょう。読者にとっても最も大きな関心をもつところです。そこから書き始める選択をしたのは作者（語り手の野口さんではありません）の工夫です。実際のインタビューは、打ち上げの瞬間を聞くことから始めたのではないかもしれません。ともあれ、作者は書き出しに「打ち上げの瞬間」を書くことが効果的と考え、そのように**選択**したのです。

◇読者を想定した表現の工夫

書き出しも含めインタビューして聞いたことをそのまま書くわけではありません。語り手が語る内容や話し方は大切にしますが、どんな読者かを考え（**対読者意識**）表現の工夫をします。決められた字数以内になるようにするためにあまり必要でないと思われるところを削ったり、同じことがくり返されたところやわかりにくい表現を整えたり、聞いた順序を変えたりもします。

また、想定した読者に合わせた漢字や平仮名などの表記（文体）、振りがな、さらに、わかりにくい言葉の横に番号をつけ、文章の後や欄外などに註をつける工夫をします。

◇インタビューの表現の特徴

教科書の二五三頁に〈ふつうに書かれた文章とちがうな、と思うところはあっただろうか。〉と書かれています。ここにある〈ふつうに書かれた文章とちがう〉ところは、たとえば次のようなところがあります。

〈感じたんです。〉←感じたのです。

〈根っからのアウトドア系ですね。〉←根っからのアウトドア系です。

〈書かれているわけじゃない。〉←書かれているわけではない。

〈本当の夢なんじゃないかなって思います。〉←本当の夢ではないかなと思います。

また、二五二頁にある〈ぼくたち〉や〈ぼく〉という呼称は、〈ふつうに書かれた文章〉では、あまり使いません。

〈ふつうに書かれた文章とちがう〉というのは、話しているような書き方になっていることです。作者は、語り手の話し方に近いように表現しているのです。こうすることでインタビューの話を聞いている雰囲気をつくることができます。

作者が、こうした表現方法をとっているのは、語り手の話した内容はもちろん使ったことば表現、話し方までできるだけ大事にして、話をする人物像が伝わるように工夫しているためです。そのため、語り手の話したわかりにくい言葉には、註をつけたり、漢字に振りがなをつけたりしています。

作者の書いた表記を**文体**と言います。それに対して話者の話している言葉を**話体**と言います。作者は文体をさまざまに工夫しますが、話体はできるだけ語り手が語ったことを尊重するようにしています。

（樋園哲思）

【参考文献】『ぼくのしょうらいのゆめ』（野口聡一・文春文庫）

おわりに

本書は旧『教科書指導ハンドブック』（新読書社・二〇一一年刊）を基にして、二〇一五年度版教科書（光村図書）に合わせて改訂したものです。西郷文芸学理論と教育的認識論に依拠して教科書教材を分析・解釈し、授業化する際の重要な観点を示した内容となっています。

文芸教育研究協議会に所属する全国のサークル員が各単元を分担執筆していますので、文芸研で使用する用語の解説が重複している部分もありますが、読者のみなさんがどこから読み始めても理解していただけるように、あえてそのままにしてあります。また、重複はしていても決して矛盾はしていないはずです。五〇年にわたる文芸研の理論と実践の研究は集団的に積みあげられてきていますので、本書のどのページを開いていただいても、整合性のある文芸研の主張が読みとっていただけるものと思います。

さて、昨今の国語科教育の現場を俯瞰すると「言語活動の充実」「単元を貫く言語活動」ということが声高に叫ばれ、リーフレットづくり、ペープサート、音読劇、読書発表会などを中心にすえた単元構成学習が極端に多くなっています。授業で学んだことを表現活動に生かすこと自体に反対するものではありませんが、文芸を文芸として（作品を作品として）読むことの軽視、あるいは無視については看過するわけにはいきません。

これまで国語の教室で大切にされてきた、教材に向き合って場面ごとにイメージと意味の筋を追い、読み深め、子どもたちが多様な読みを交流し合い、語り合う授業は、今や「古い授業」と批判の対象にさえなっています。多くの国語教師は、深い「教師の読み」があってこそ子どもたちに真の国語科の力が育つと信じ、全力を傾けて教材研究に打ち込んできたものですが、近年横行している、ほんの二〜三時間で教材の「あらすじ」を確認したら残り時間は「言語活動」に充てるという授業なら、教材研究など必要ないでしょう。しかし、そのような授業をしていては、国語科で育てるべき学力が子どもたちに身についていくはずがありません。深い教材研究と教授目標の明確化こそ、多様な子どもたちの読みを意味づけ、立体化・構造化し、真の意味で子どもの主体的な学びを保障することになります。

今こそ、深い教材研究に根ざした国語の授業の創造が求められています。本書が、全国の先生方の教材研究の一助になり、子どもたちが楽しく、豊かに深く学ぶ授業につながっていけば幸いです。

また、本書では紙幅の都合で詳細な授業構想・授業記録についてふれることはできませんでしたが、それについては、今夏、新読書社より刊行予定の『文芸研の授業シリーズ』（教材別・小学校全学年・全十八巻予定）をご参照ください。

編集委員会

執筆者紹介（執筆順）　**執筆担当教材名**

西郷竹彦（文芸研会長）	高学年の国語でどんな力を育てるか
	2「カレーライス」
	14「やまなし」
	22「海の命」
	24「生きる」
三好敬子（広島文芸研・広島サークル）	1「支度」
森田耕司（大阪文芸研・枚方サークル）	2「カレーライス」（加筆）
	25「生き物はつながりの中に」（加筆）
山中吾郎（千葉文芸研・大東文化大学）	3「笑うから楽しい」
	20「自然に学ぶ暮らし」
藤﨑　豊（高知文芸研・高知サークル）	4「時計の時間と心の時間」
上西信夫（千葉文芸研・松戸サークル）	5 学級討論会をしよう
	9 ようこそ、私たちの町へ
	12 未来がよりよくあるために
	16 この絵、私はこう見る
	21 忘れられない言葉
	23 今、私は、ぼくは
中島和人（鹿児島文芸研・鹿児島サークル）	6 本は友達・私と本
鎌田　嗣（熊本文芸研・人吉サークル）	7「森へ」
石野訓利（高知文芸研・高知サークル）	8「河鹿の屏風」
大柿勝彦（熊本文芸研・人吉サークル）	10「せんねん　まんねん」
	17 狂言「柿山伏」
藤井和壽（広島文芸研・福山サークル）	11 たのしみは
	13「平和のとりでを築く」
大家加代子（福岡文芸研・豊前サークル）	15「『鳥獣戯画』を読む」
樋園哲思（鹿児島文芸研・大隅サークル）	18「天地の文」
	26 季節の言葉（春・夏・秋・冬）
	27「宇宙飛行――ぼくがいだいた夢」
砂畠祐子（広島文芸研・広島サークル）	19「未知へ」

指導案例・板書例執筆者紹介（執筆順）

荒木英治（広島文芸研・広島サークル）	14「やまなし」【指導案例】
山中吾郎（千葉文芸研・大東文化大学）	14「やまなし」【板書例】
佐々木智治（広島文芸研・広島サークル）	22「海の命」【指導案例・板書例】

教材分析・指導にあたって	編集委員
おわりに	編集委員

【監修者】
西郷竹彦（さいごうたけひこ）
文芸学者・文芸教育研究協議会会長

【編集委員】五十音順　＊は編集代表
上西信夫（千葉文芸研・松戸サークル）
奥　葉子（大阪文芸研・枚方サークル）
曽根成子（千葉文芸研・松戸サークル）
髙橋睦子（青森文芸研・津軽サークル）
藤井和壽（広島文芸研・福山サークル）
村尾　聡（兵庫文芸研・赤相サークル）
＊山中吾郎（千葉文芸研・大東文化大学）

光村版・教科書指導ハンドブック
新版　**小学校六学年・国語の授業**

2015年 5月9日　初版1刷

監修者　西郷竹彦
編　集　文芸教育研究協議会
発行者　伊集院郁夫
発行所　（株）新読書社
東京都文京区本郷 5-30-20　〒 113-0033
電話 03-3814-6791　FAX03-3814-3097

組　版　七七舎　　印　刷　日本ハイコム（株）
ISBN978-4-7880-1195-3 C3037